Gioconda Carralero Dominicis

Cuba, pasos en la sombra

Gioconda Carralero Dominicis

Cuba, pasos en la sombra

Experiencias frustradas

JustFiction Edition

Imprint

Cover image: Image belongs to the author.

Publisher:
JustFiction! Edition
is a trademark of
International Book Market Service Ltd., member of OmniScriptum Publishing Group
17 Meldrum Street, Beau Bassin 71504, Mauritius

Printed at: see last page
ISBN: 978-620-2-48975-1

A mis hijos Osiris, Carmen Irene y Ahmed……..a mis nietos.

Contenido

PRÓLOGO

Exprimir el jugo de lo vivido no siempre es un ejercicio reconfortante, lleva aparejado mucho dolor interno, mucha indagación en los sueños frustrados. Pero el resultado, en este caso, merece la pena ya que nos encontramos ante un magnífico testimonio de ilusiones, lucha y, finalmente, desencanto de una mujer que simboliza a gran parte de una generación de cubanos. La Revolución les había prometido una sociedad igualitaria e independiente y ellos le creyeron, los había llenado de ilusiones y con ella emprendieron un camino. Pero día a día fue vaciándose de esencias el sueño revolucionario y las pequeñas desilusiones sufridas año tras año confluyeron en un gran desengaño.

El recorrido por estas páginas se llena de experiencias frustradas y sentimientos encontrados. Su infancia y adolescencia coincide con la etapa del compromiso revolucionario, de la esperanza en el hombre nuevo. Sin embargo, a medida que transcurre la edad adulta, se van desmoronando las creencias o van siendo sustituidas por otras como una forma de refugio ante la pérdida de referentes. Es entonces cuando comprende que la búsqueda del hombre perfecto es imposible y que otro poder amenaza los sueños de la mayor parte de la población.

De fondo narrativo aparece la historia de Cuba en los últimos cuarenta años, aunque sobretodo del último decenio. El periodo especial, la escasez, el hambre, las contradicciones del socialismo, las paradojas de las reformas económicas; pero también la añoranza de los que se van para siempre, familiares y amigos que se exilian y no volvemos a ver, gentes con las que compartimos una ilusión pero que se marchan. Queda un recuerdo con el que pasar los largos días de la provincia cubana.

Un libro desmitificador, que trata de ir en contra las ideologías de manual, impuestas y despegadas de todo sentimiento humano. La autora también lucha, desde sus testimonios domésticos y maternales, contra la visión demasiado idealista con la que se ve desde el exterior como el último bastión del comunismo. No quiere que su país sea visto como una escultura porque, en realidad, es una idea que se desvanece en el aire; ni que sea el refugio de intelectuales y nostálgicos ante una pérdida de alternativas reales en un momento de falta de imaginación frente al neoliberalismo. Se niegan a asumir la realidad y a hacer frente a los nuevos compromisos que la sociedad mundial nos exige.

Manifiesto de una necesidad de expresar, de universalizar la experiencia individual y de servir de testimonio a nuevas generaciones para que no se vuelva a sufrir el DESENCANTO.

Raquel Martínez Gómez.

Periodista y escritora.

México, Febrero de 1999

LA CASA.

La casa está llena de recuerdos. Ahora distingo menos entre el presente, el pasado o el futuro. Acaso no he vivido tres décadas en un presente continuo: el mismo árbol dando sombra a la puerta de mi casa, las mismas promesas que nos hacen cada día en sus discursos los dirigentes políticos.

Quiero a la ciudad donde vivo, a mi tierra, a pesar de que no somos dueños de nada, ni aún de las flores que nacen silvestres, ni de la brisa que respiramos. A casi todos nos domina un pensamiento, volar hacia otras tierras como aves migratorias, no importa el frío que pueda aguardarnos, siempre existe la posibilidad de llevar una vida mejor.

Ya no tengo las tardes pintadas de azul, ni despierto por las mañanas al oír la música que escuchabas, Bach o la psicodélica música de Leed Zeppelín.

PÁJAROS Y MARIPOSAS.

A pesar que desde hace meses no llueve, la ciudad se encuentra limpia. Las plantas se mantienen verdes y hasta alguna flor podemos ver. Aves de rapiña que surcan el espacio o alguna paloma que por casualidad, aún habita en un árbol.

Acurrucados entre el follaje unos adolelescentes hacen el amor. Más tarde el sueño cae sobre ellos y despiertan asustados, han sido sorprendidos por el vuelo de unos aviones de guerra. Pasado el momento se abrazan y ríen. Los aviones se perdieron al otro lado de los cerros, todo ha quedado denso, agobiante, los amantes sienten como el cuerpo se les cubre de hormigas, que se han empeñado en devorarlos.

De entre la yerba sale corriendo un conejo. Vuelan los pájaros y mariposas.

Debajo de este cielo, también se gesta el amor.

AMIGOS.

La casa es pequeña, ha sido decorada con el gusto de las personas que la habitamos, los objetos puestos al azar. Todos tenemos un orden dentro de ella, mis hijos, los amigos que nos visitan, no considero nada personal en el hogar. Podemos tropezarnos con una cerámica, o una talla en madera preciosa. Las hojas secas nos gustan, esto lo demuestran los jarrones que hay en los rincones.

Los amigos tienen distintas profesiones: poetas, músicos, pintores, la señora que vende clandestinamente café de casa en casa, la amiga que pasa la vida haciendo cábalas y de esta manera soluciona su problema económico (si acierta el número que jugó a la lotería) o un trastornado que nos trae alguna historia, que me hace reír y olvidar los problemas cotidianos. Las visitas llegan en cualquier momento, por las mañanas, en las noches, cuando hay eclipse o llueve. Sólo exijo una credencial para ser visitada, que los amigos que me visiten sean sinceros porque si no es así quedaran en la puerta sin avanzar un solo paso.

JOSÉ

Hoy me visitó José. José es un joven de treinta años de edad, estatura mediana, piel blanca, ojos pardos que oculta tras unos lentes de cristales color ámbar. A José lo conocí hace cinco años, cuando llegó de la desaparecida Unión Soviética, estudió Geología y mantuvo una amistad sentimental con un pintor conocido en la familia, precisamente éste fue quien trajo a José a la casa.

Me dijo José que: Marcos y su título de Geólogo eran lo único verdadero que había encontrado en el país helado. Juntos supieron sobrellevar los desnudos inviernos, ya que tenían una dieta alimenticia muy pobre y en los albergues quitaban por horas la calefacción. Le preguntaba sobre la belleza de la estepa rusa, y él me respondía: "no hay nada más hermoso que nuestras campiñas, acaso no ves a los rusos, todos quieren venir a vivir a Cuba ".

José era el amigo inseparable de Marcos. En verano los amigos visitaron las playas más hermosas de la Isla.

La mayor aspiración de José, era participar en las veladas que Marcos celebraba en su casa, adonde concurrían otros jóvenes a admirarle y Marcos sabiendo esto, pintaba con más encanto que nunca. Gozaba mucho con los suspiros de satisfacción que arrancaba a sus amigos. El vínculo de José y Marcos terminó.

Una mañana de sol sofocante, y ausencia total de helados y refrescos en la ciudad, llegó Marcos a mi casa. Venía a hacerme una invitación a la playa. Vivimos lejos del mar y en verano el transporte empeoraba. Opuse todas estas razones a Marcos para no ir, pero él acabó convenciéndome, y terminé aceptando la invitación.

Ya frente al mar, y después de embriagarnos con el olor a salitre y disfrutar del hermoso paisaje que aparecía ante nosotros, buscamos un lugar alejado en la playa, donde el mar era abierto.

Hallamos un saliente en las rocas, y nos sentamos. Marcos hasta el momento había guardado un silencio absoluto, pero de pronto comenzó a hablar. Me confesó que su visita a aquel lugar se debía a la necesidad de entregar su pasión por José el mar. Marcos creía mucho en los poderes sobrenaturales, me había seleccionado a mí para que lo acompañara en aquella ceremonia porque conocía de mis creencias esotéricas (en ocasiones celebraba en mi casa tertulias, donde yo leía las barajas españolas o el exótico tarot. Para mí esto era un juego). Miré a Marcos de hito en hito, era grande la angustia que reflejaba en su rostro. Entonces nervioso me contó que en las noches que celebraba veladas en su casa, había ido a visitarlo un muchacho fuerte, atlético, de ojos azules, de oficio ceramista, serio y desenvuelto, amoroso y decidido y tenía con este muchacho una empatía sentimental, también el joven era militante de la Juventud Comunista. Marcos, nunca se dejaba cautivar por nada que afectara su cargo y futuro político.

Los ojos de Marcos, de pronto adquirieron un fulgor que no había percibido antes, y me habló del ritual que debíamos hacer allí en las aguas azules. Un breve silencio surgió entonces. Marcos hizo una extraña plegaria, el mar se tornó gris, las olas se encresparon, una gaviota chilló al alejarse. Se dibujaron unos relámpagos en el firmamento. Marcos me tomó de las manos y dijo: "Poderoso mar, tus aguas que albergan tesoros, secretos indescifrables, gigantes navíos ". (Yo también hablé al mar en silencio): - Jóvenes cubanos que perecieron al ahogarse o fueron devorados por los tiburones al huir de las garras de este gobierno que nos oprime, sus gritos se escuchan en las noches como un canto desesperado al no ver realizados sus sueños.

Marcos continuó su ritual: "mar te entrego la pasión que siento por José, es mi deseo que él me abandone para siempre." Una gigante ola nos envolvió, con movimientos lentos, Marcos sacó de sus bolsillos las piedras que José le había regalado, coleccionadas durante su estancia en Rusia, encontradas en sitios peligrosos: áridas tierras, tortuosos desfiladeros, entre el viento y el frío de las heladas montañas y fueron lanzadas al mar como símbolo de rompimiento.

Estos jóvenes fueron formados en la ideología marxista-leninista.

VACACIONES

Esperaba la llegada de Runa. La escuela donde estudiaba cerraría por reparación general; pero decían algunos amigos que los dirigentes políticos aprovechaban la situación para ahorrar comida. Lo último que daban de comer a los alumnos, era arroz de la peor categoría y soya hervida. La Soya sin ningún reparo, la distribuían los camiones que repartían alimentos dentro de unas bolsas que tenían grabadas las siguientes inscripciones: "Soya, forraje para animales". Los alumnos iban al comedor, no a alimentarse, sino a llenarse. Ellos se alegraron mucho de esta situación, porque anhelaban irse a sus hogares. Todo era agobiante en la escuela, los profesores impartían clases mediocres, temían expresar sus criterios por miedo a las represalias que se tomarían con ellos, los padres enviaban sus hijos a las escuelas porque las calles se habían vueltos altamente peligrosas en los últimos tiempos.

En las paredes de algunos edificios, aparecían carteles protestando contra el régimen que deseaba perpetuarse y de esta forma prolongar más la agonía del pueblo, estas manifestaciones eran castigadas con las cárceles. Había que ser astuto y cuidadoso porque al que agarraran haciendo estas cosas lo golpeaban, lo incomunicaban con la familia, metiéndolos en celdas obscuras. No existían garantías para los presos Sólo el ostracismo, la lenta muerte les esperaba debido al hambre y a las enfermedades, también el maltrato sofisticado, interrogatorios que conducían a la locura, verdugos hijos del fascismo.

Nos encontramos al final de la cruel tiranía, pero no estamos preparados para asumirlo. ¿Por qué no me uno a los que protestan?- El miedo a la represalia. Para conformarme erijo en mi conciencia un altar de admiración a quienes lo hacen.

Es una de las mañanas que invita a quedarse oyendo música en la casa, o leyendo un buen libro, o dando respuesta a la correspondencia de alguna amiga o familiar que está pendiente.

Una vecina hace un momento me comunicó que llegaron pollos al mercado, que no está completa la asignación, y debo apurarme si deseo alcanzar alguno, me preparaba para esto cuando ruidosos golpes sonaron a la puerta que da a la calle: qué alegría, junto a mí de repente Runa. Parecía un pulpo con lo carga que traia, los brazos repletos de libros, sobre la espalda la mochila con su ropa. Todo lo dejó caer al suelo y ella también lo hizo. Dijo que no había nada mejor que volver a casa. Se encontraba cansada, el sudor corría por su cara, en aquellos momentos una suave brisa llegaba de los cerros verdes, me acerqué y le acarició el pelo, revuelto y rebelde, le dijé que me hacía feliz tenerla a mi lado.

Me habló de la escuela y sus ojos se llenaron de tristeza, no había encontrado en ella la enseñanza que buscaba, los maestros no ponían el suficiente interés en las clases, salvo alguna excepción. La mayoría temía manifestar criterios que luego no gustaran a los dirigentes en la educación, creándoles graves conflictos que podían ir desde una amonestación pública hasta la pérdida de trabajo, el tedio los embriagaba y lo transmitían a los alumnos. Todos estos profesores estaba poseídos por el mismo deseo, abandonar la Isla. Sonrío a mi hija y la estimulo a seguir, a no dejarse abatir, pero ella sabe que mis palabras son falsas, que tampoco yo no creo en nada.

Runa sacó de la mochila una bolsa con hojuelas de maíz, allí sentadas en el suelo nos las comimos. Sabemos que momentos más duros aún nos esperan, y debemos estar alertas ante ellos.

TINA

Hoy desperté temprano. Los vecinos que viven debajo de mi departamento freían huevos y colaban café, lo supe por el olor que llegaba a mi casa. Ella es ama de casa con características especiales, el marido es dirigente de la agricultura. Para estas personas no hay tiempos malos, noche tras noche, este señor lleva para su casa auténticos productos que ya han desaparecido en los mercados, sólo al alcance del turismo u organizaciones políticas: vegetales, cerdos y carneros.

Evoco mis días de obrera. También tuve la esperanza de un futuro brillante para el país, recuerdo entonces a mi amiga Tina y su dinámica fe en todo lo que orientaba el Partido Comunista Cubano. Decidí visitarla.

Tina se encontraba enferma, su esposo la miraba con mucha ironía. Tina fumaba un cigarrillo tras otro, ella era la Secretaria General del Sindicato de su trabajo, y no se perdía una actividad agrícola. Me daba mucha lástima verla, su antigua piel blanca, suave y tersa, ahora cubierta por ronchas, y quemaduras de sol. Acababa de llegar de la siembra de boniatos, tarea a la que estaba consagrada en aquellos momentos. Le comuniqué, que estaba convencida que el problema del país no se resolvería sembrando plantitas aquí y allá, que eso eran juegos para muchachos. Esta vez sus ojos se llenaron de lágrimas, y respondió: "que lo sabía, pero no estaba dispuesta a claudicar ante su esposo ni nadie, porque para esta causa había vivido durante sus mejores años; que primero moría antes que abandonarla."

ARTISTAS

Julio es artesano, tallaba imágenes en maderas preciosas, él había sido compañero de estudio de mi hijo, y acostumbraba a visitarme, conversabamos sobre arte, cine o un proyecto nuevo.

El artista me contó que había realizado una talla en madera (ácana) luego de conservarla durante varios meses, porque estaba negado a venderla al fondo de bienes Culturales (institución que compraba las obras a los artistas). A cambio les daban un porcentaje muy bajo en dinero cubano)

Julio reía al hablar porque había tenido tremenda suerte al conocer a un italiano, cuando paseaba por la ciudad y aprovechó la la ocasión y le enseñó la escultura, llegando a un acuerdo comercial, al venderle su pieza en 50 dólares. Por supuesto, los dólares no habían llegado a sus manos, porque estaba al tanto de las habilidades de la policía para castigar a quienes recibían dinero de esa forma. El italiano le había comprado a cambio de su obra de arte, ropas, zapatos y alimentos.

EL OLOR DEL POLEN

De niña, oía decir a mi madre que Mayo era el mes de las flores. Por eso cuando llegaba abril, entusiasmada esperaba el arribo de estos días. En nuestra ciudad existe un parque que lleva el nombre de: "Jardín de las Flores". Quedaba situado frente a la catedral Católica. A este parque concurrían todos los floristas a vender sus mercancías. Era un espectáculo precioso: los maceteros exhibían Rosas, Claveles, Mariposas, Siempre Vivas, ¡quién no compró un día una docena de flores!. También desaparecieron los jardines de los patios, ya que así fue orientado por el Comité de Defensa de la Revolución, sustituirlos por matas de plátanos. Era una medida emergente en periodo especial.

Hoy solo quedan los recuerdos de los vendedores de flores.

SIMULACROS

Son las siete y cincuenta y cinco de la tarde, a las ocho debe sonar la alarma de guerra en tiempo de paz, debemos estar listos para la defensa de la patria en caso de agresión. Sonó la alarma, todos corrimos a nuestros puestos correspondientes y se llenó la noche temprana de ruidos de ametralladoras, silbatos de sirenas, alarmas de ambulancias, un verdadero tiroteo. Las madres con sus pequeños hijos corrieron hacia sus refugios, los aviones iniciaron sus maniobras, algunos niños lloraban, el ruido era ensordecedor. Me parecía que estaba frente a la pantalla de un cine mirando una película de guerra, los pequeños estaban enloquecidos ante los ruidos que se escuchaban. Las madres los acunaban con amor contra sus pechos. De pronto la sirena se escuchó avisando que la maniobra había terminado… los corazones infantiles latieron apresuradamente, todos vieron perderse entre las nubes el humo que produjeron el lanzamiento de las bombas de mentiras.

Después un silencio agobiante.

LA COMIDA DE MUSI

Sita me llamó por teléfono, para decirme que había una buena película en el cine, y decidí acompañarla.

Los boletos que compramos para entrar al cine, también nos daba derechos a merendar en la cafetería del local. Este era un método sencillo, cuando los turistas terminaban de hacerlo, alrededor de las seis de la tarde. El sobrante de esa merienda se vendía al público.

Al terminar la película nos dirigimos a la cafetería, pero ya la asignación de alimentos se había agotado. Muchos de los boletos son comprados con el solo interés de entrar al local para tener derecho a disfrutar de la merienda.

Yo tenía mucha hambre, mi amiga desfallecía. Me confesó que estaba sin desayunar ni almorzar. La invité a mi casa, saqué del refrigerador dos cabezas de pescado que tenía guardadas para el gato, y las puse a cocinar. Al poco rato teníamos caldos de pescado que compartimos con mi mascota, un gato Siamés.

NOTICIAS DE LA HABANA (I)

El día finalizaba con un acontecimiento que me provocó risa. De La Habana había llegado una carta de mi amigo Alberto. Decía que vendría a mi casa en estas vacaciones, que traería consigo un libro que era el escándalo del momento. No hablaba del autor ni del contenido, pero sí adelantaba una anécdota de La Habana y esto suscitó que olvidara el tedio.

Contaba que en el municipio de El Vedado había una yegua gozando de mucha popularidad, ésta tiraba del carretón donde se repartía el Pan que correspondía a los ciudadanos que allí vivían. Este animalito poseía un defecto grave, corcoveaba, sus relinchos invadían las calles y el cajón que contenía el preciado alimento se zarandeaba al compás de los saltos, provocando que cayeran los Panes al suelo. No obstante esto, el pan era bien recibido por los usuarios sin ninguna mueca de enojo.

También me contó Alberto que temía por su vida, porque la delincuencia que se había desatado era incontrolable, y le daba miedo despertar un día en estado de levitación. "Una noche había despertado al sentir unos pasos en la casa, y tremenda sorpresa que había recibido al no ver a su ventilador echándole aire, frotó los ojos con las manos, se puso en pie, fue hasta la cocina, y allí tampoco estaba la hornilla de querosen, entonces decidió llamar a la policía, pero mayor fue su sorpresa, porque tampoco estaba el teléfono en su sitio". Los ladrones se habían llevado lo poco que tenía. También habían cargado con los víveres.

NOTICIAS DE LA HABANA (II)

Al fin llegó Alberto, de apariencia frágil y agradable. De muchacho pensó que sería sacerdote o misionero. En estas idea volcó todos sus anhelos porque deseaba encontrar y dar a conocer la verdadera paz espiritual, pero un día se decepcionó, comprendió que esto no era tan fácil como parecía. Él tan inteligente en sus valoraciones, había fracasado. Tan confundido quedó con esta experiencia, que hacia la capital marchó en busca de nuevas vivencias.

Alberto, ahora nos traía noticias que sólo él conocía, porque únicamente él era capaz de dar vida con sus relatos a las estampas sociales que ocurrían en La Habana. Nosotros con deseos de oírlo, nos sentamos a sus pies, en nuestras manos sosteníamos pozuelos llenos de té negro. Alberto había traído el té de la capital, "amigos siempre habrá "- nos dijo, porque el té ya no aparecía en ningún mercado y para beberlo había que esperar que algún extranjero lo trajera de su tierra. Nos enseñó también una bolsa llena de libros y casetes, luego extrajo con mucho respeto un ejemplar del libro escrito por Reinaldo Arenas, *"Antes que anochezca"*. Dio lectura a algunas de sus páginas, y luego acordamos leerlo de forma individual.

Alberto nos contó, que algunos jóvenes en la Habana traficaban su cuerpo con cualquier turista a cambio de dólares, o un plato de comida y los más audaces, lograban concertar un matrimonio que los sacaba de la Isla.

Ya nadie pensaba en el SIDA. Los niños negros y rubios de ojos azules pedían limosnas en las calles, y hasta los perros que habían sido tirados a la suerte, eran llevados por los turistas para su país. No se sabía, si odiar o amar a aquellas gentes procedentes de tierras lejanas.

Él había cambiado mucho, en su rostro no había la dulzura de años atrás, era imposible escapar de la desgarradora situación que existía en la Isla. Todos traficábamos de alguna manera. Había que olvidar que vivíamos en un país en Periodo Especial y en Guerra en Tiempo de paz.

Algunas veces Alberto, después de haber deambulado por la ciudad (buscaba la magia que años anteriores lo había atado a ella), llegaba cansado a mi casa, y lleno de nostalgia.

AXEL Y LA NUEVA ESCUELA

Atrás quedó la brújula que le regaló el abuelo y que usó en compañía de sus amigos para descubrir tesoros en la colina, también algunos libros maltratados que llenaron su cabeza de fantasías, y el gigante papalote que visitaba ciudades lejanas, perdidas entre heladas montañas.

Un nuevo grupo de amigos había llenado su vida de adolescente, ya sus intereses no eran los mismos.

La nueva escuela, tenía un deber fundamental formar alumnos marxistas-leninistas. Estaba prohibido jugar en ella, el tiempo había que aprovecharlo al máximo, y si algún rato libre quedaba, el trabajo voluntario en los huertos y la confección de carteles con lemas socialistas esperaban.

A él y sus amigos, se les había ocurrido pintar gusanos con lápices de colores en las paredes y latones para echar la basura. Como resultado de este juego infantil, los alumnos fueron castigados severamente, con la suspensión de los pases, que autorizaban las salidas para sus hogares los fines de semana. Este castigo se prolongaría durante todo el curso escolar. Esta medida se reflejó en un acta, que se archivó en el expediente personal, documento que podía afectar la posibilidad de realizar estudios superiores.

Los maestros militantes del Partido Comunista, también se dedicaron a investigar a los alumnos que poseían libros, que ellos no habían orientados para sus lecturas.

Libros, escritos por Milán Kundera, Octavio Paz, Julio Cortázar y otros intelectuales que habían llegado a las manos de los estudiantes, mostrándoles una nueva visión de la vida intelectual en el mundo. Pero esta felicidad duró poco. Los estudiantes fueron llamados por la dirección de la escuela, prohibiéndoles la lectura de estos libros, porque no estaban orientados para su formación ideológica.

Una mañana en la escuela, cuando se celebraba un mitin estudiantil en apoyo al internacionalismo, se criticó a los alumnos que no leyeran libros basados en la teoría Marxista -Leninista.

Sandra, la presidenta del Comité de Base de la Unión de Jóvenes Comunistas, expuso y dio a conocer que en la escuela había un traidor a la Revolución, y señaló a un estudiante, con fuerza y dijo: " Este alumno no sólo traiciona a la Revolución, sino también a Marx y a Lenin. Él esconde entre sus libros una Biblia, que yo he visto. Y su atrevimiento es aún mayor, porque desvía materiales de la escuela para su uso particular. En nuestro taller, a escondidas ha tallado un

“Cristo en madera”. Tras las palabras de la joven comunista se alzó un murmullo ensordecedor, Sandra entonces dijo: Registren la mochila que trae el alumno. Alrededor del muchacho, comenzó una danza macabra, habían puesto en el tocadiscos las notas de la Internacional, los estudiantes seguidores de la oficialidad comunista y algunos maestros que habían unido su voz de protesta a la dirigente estudiantil, rodearon al condenado y lentamente lo fueron despojando de sus libros. El muchacho colgaba al cuello una cruz de madera, ésta fue arrancada y tirada al piso. Tomaron la Biblia, le arrancaron las hojas y las pisotearon. Axel y sus amigos rieron a carcajadas. Fueron expulsados del centro de estudios.

Este estudiante enfermó de los nervios. Ahora vaga por las calles con una cruz colgada al pecho y una Biblia entre sus manos. Sus amigos lo llaman el héroe.

A LA MEMORIA DE MIRIAM

Era una tarde del mes de noviembre, gris, lluviosa. Cuando Miriam dejó el refugio acogedor de su casa, para dirigirse a la iglesia que desde hacía unos cuantos meses visitaba. Era su misa preferida, porque a esta hora sólo asistían aquellas personas que deseaban tranquilidad, recogimiento espiritual y una auténtica comunión con Dios.

Para llegar a la iglesia, necesitaba atravesar un parque lleno de árboles frondosos y bancos dispersos.

Miriam en alguna ocasión había visto a un señor alto, canoso, piel morena, ojos azules, con buena apariencia, y se percataba cómo la seguía hasta que entraba a la ermita.

Abandonó la misa esa tarde antes que concluyera el ritual. Al pasar frente a los bancos, vio que el señor alto y delgado se encontraba sentado en uno de ellos. Este al verla se puso en pie y sin pronunciar palabra, decidió acompañarla, caminó a su lado. Se alejaron de la ciudad, bajo la fina lluvia que caía en esos momentos. El hombre con su capa gris, cubrió el cuerpo húmedo de la mujer. Subieron hasta el cerro que se yergue sobre la ciudad. Había necesidad de decirse algunas cosas, pero continuaron en silencio. Buscaron protección debajo de un cocotero que conservaba una sola penca, la húmeda brisa los obligó a acercarse. Ella sacó de su bolso un espejo roto, se miró en él y con los dedos se acomodó el pelo mojado.

Miriam asustada se echó a correr, pisoteó la hierba seca y mojada, sintió un agudo dolor en sus pies. A su paso encontró las ruinas de un arroyo, se detuvo cansada, echándose boca abajo en la sucia arena, una mano fuerte la hizo volverse de frente, y entonces su cuerpo chocó contra el cuerpo que la suspendió. Cayeron al suelo y se emprendió un juego sobre la arena: denso, agónico. Ella cede, desgarrándose la ropa.

Miriam sin un zapato, y a medio vestir regresa hasta el pueblo, camina hasta caer extenuada frente a la puerta de su casa. Mañana sería otro día, pensó.

El agua llegó a cubrir todas las calles de la ciudad, y la corriente trajo hasta la casa de Miriam el cuerpo inerte del amante. El cadáver en los labios dibujaba una ligera sonrisa, Miriam lo atrajo hacia sí, buscó en sus ropas y extrajo una pistola y dos carnés. Aprovechó la corriente y lanzó al agua el arma de fuego y las credenciales, río abajo vio como se deslizaban. Arrastró el cuerpo del hombre hasta ponerlo sobre su cama. Lo cubrió con una colcha. A través de la ventana veía caer la lluvia.

PARTIDA

A loos catorce años me comportaba de manera inmadura, porque nunca me detenía a pensar en el sufrimiento y la alegría de los demás. Estaba convencida que la vida se encontraba sabiamente distribuida, que Dios había hecho las cosas perfectas. El mundo lo representaba para mí, la seguridad de tener mi casa, mi familia, mis amigos, levantarme cada mañana, ver salir y ponerse el sol entre los cerros, oír los cuentos del abuelo, asistir a la escuela, porque la vida era un sinnúmero de cosas, que como a mi alrededor existían, nunca las había descubierto: alimentos, ropas, medicinas, frutas, flores.

Una tarde gris sin sol, descubrí que algo anormal pasaba a mí alrededor. Mis amigos abandonaban el país, mi tía y mi hermano lo harían de un momento a otro y me agobiaba horriblemente la voz del señor que se oía por todas partes, en las bocinas que se encontraban situadas en las calles, la televisión, la radio. prometía muchas cosas. Decía mi tía que eran buenas, pero al abuelo lo disgustaba mucho.

Algo se rompía - entendía. Todos de pronto se querían ir a Miami o a Europa. Ya la casa no tenía la alegría que acostumbraba, hasta los gatos no hacían ruidos con sus juegos o maullidos, esperaban sus alimentos pacientes, tranquilos.

Cuando visitaba el campo, mi tía campesina decía alegremente a mi padre: "Llegó el momento que necesitaba la patria, ahora todos tendremos los mismos derechos sociales, la tierra será repartida a quienes la trabajan, los hijos de los guajiros harán carreras universitarias. En cuanto a la agricultura, con las técnicas nuevas que impartirá este gobierno, no sabremos qué hacer con tantos frijoles, ajos, tomates, plátanos". Por el contrario, el abuelo repetía una y otra vez: -"Hay que hacer las maletas, me veo nuevamente atravesando el mar". Las maletas seguían sin despolvar, nadie tenía interés en abandonar la casa. La abuela estaba muy apegada a su jardín, a las porcelanas y retratos que heredara de la madre, y según ella contaba, llegaron al puerto en donde ella naciera (Gibara) en un barco azul, capitaneado por su tío Luis, un navegante que un día partió a Europa y nunca más se tuvo noticias de él.

A mí me daba mucha pena todo lo que sucedía. Sabía que también iría hacia otras tierras, y sentía horror, porque debía abandonar a mi familia, amigos, gatos, la paloma coja, el ciruelo que crecía al fondo del patio, y que cada año me regalaba ricas ciruelas.

“Ambosador, señora Matarilelile.

Que desea mi Señor, Matarilerilelon

Yo deseo esta Isla, señora Matarilelile

Qué precio le pondremos

El que ustedes deben pagar...”

Mis tíos y primos no desearon jugar a la muerte. Precisamente fue para invierno, cuando ya todos abandonaron la casa. Sólo quedaron los abuelos. Mis padres se fueron a vivir al campo en un intento desesperado, agónico, por no perder unas tierras que poseían. En algunas ocasiones los visitaba y veía a la tía campesina que, día a día, a pesar de su esfuerzo, no lograba incrementar la crianza de palomas, gallinas, carneros, ni la producción agrícola. Una maldición, decía ella, había caído sobre la Isla. Sus ojos se perdían cada día más en la lejanía, y esa mirada vaga pudo presenciar cómo su querido paisaje se transformaba, cortaron los árboles que ella vio crecer, el patio de su casa se inundó, el agua arrasó las flores debido a una presa que la cooperativa había construido. Mi tía todavía tuvo vida para sufrir por la desaparición de los palmares. Ya a su casa no acudían por las noches las gallinas guineas, ni los patos silvestres, se habían extinguido los zunzunes que libaban amorosamente a las amapolas. Horrorizada de tanta agua y desaparición, un día cerró los ojos para no abrirlos jamás.

DÍA DE TODOS LOS MUERTOS

Dos de noviembre de 1993, día de todos los muertos. Familiares y amigos de los difuntos desfilaban hacia el cementerio, iban vestidos de negro, en las manos llevaban flores y velas encendidas para ponerlas frente a las tumbas.

Anduve por la ciudad, deseosa de encontrar algo agradable entre las ruinas, paisaje gris que ahora aparece ante mis ojos llenándome de nostalgia.

Era desconcertante saber, cómo algunos de nuestros estadistas pensaban construir sobre estas miserias, ciudades industriales, turismo competente, hospitales con alta tecnología. Lo real ya se mostraba desnudo sin misterio que ocultar.

Ante la desesperación por la ausencia de alimentos, el supremo señor que nos monopolizaba desde hacía treinta y tantos años, autorizó poner en práctica una más de sus ideas geniales: "mercado libre en donde cada quien pudiera vender el producto que sea sería capaz de elaborar, con sus propios recursos "

La desesperación por tener dinero y la angustia ante el hambre cotidiana ha hecho que estos mercados proliferen de forma desmesurada, algunas de las calles más céntricas estaban llenas de ellos. Parodiando a los de África, el pueblo los llamaba, "La Candonga ". Pero el espectáculo resultaba deprimente, un vendedor pregonando la magnífica calidad de un cerdo espléndido, que disimulaba entre tortas de casabes (tortas echas de yuca)

Cuando era niña mi abuelo por las mañanas, me llevaba a pasear a los mercados, y era hermoso disfrutar el espectáculo que ofrecían los vendedores, la sabiduría con que pregonaban sus productos, la belleza de los cestos llenos de frutas, nuestras frutas tropicales: las naranjas con sus promesas de miel dorada, las mandarinas, los exquisitos anones, caimitos jugosos, platanitos, la insuperable piña, nuestra reina, dulce, picante. Los vendedores vestían camisas blancas y sombreros de yarey, las mujeres faldas anchas con vivos colores y adornaban el pelo con flores: rosas, amapolas, jazmines, claveles.

Me sacó de mi evocación un muchacho que gritó: "Cuidado con lo que compran, la policía acaba de encontrar seis cabezas de perros en un basurero". Frente a mí una señora vestida con una túnica malva me ofrecía unas frituras de yuca. Hago un gesto diciendo que no las quiero, pero la vendedora insiste. – "Pruébelas, son ricas, no tienen ningún invento raro, sólo están chamuscadas porque no tenía suficiente grasa para freírlas". Miré los pies de aquella mujer, estaban descalzos.

Compré la fritura, y lentamente mastiqué la masa hasta lograr tragármela. En mi garganta quedó el sabor a yuca quemada.

Seguí caminando sin rumbo como una sonámbula entre el gentío. Vi a un vendedor de mandarinas, fui hasta él y las compré. Eran pequeñas, arrugadas, las imaginé ácidas, el hombre, adivinó mi pensamiento, comentó, "no llovió, yo las cultivé echándoles agua del pozo de mi casa, jarro a jarro regué las plantas ". Un niño que venía corriendo me empujó y casi caigo al suelo. Al niño lo perseguían un grupo de muchachos, que gritaban: "danos el dinero, es nuestro." Pero el chico se perdió en la próxima esquina entre el gentío. De pie, recostados en una pared, unos turistas observaban la escena. Ellos tenían que haber regalado el dólar al niño.

El cielo se tornó gris y cayó una lluvia de jazmines negros. Llevé mis manos a mi ancha falda, la abrí para que cayeran algunos sobre ella. Alguien me abrazó y me preguntó al oído - ¿tiene fiebre?, tus ojos están enrojecidos. El extraño de repente comenzó a cantar una copla que recitaba mi abuelo cuando había luto en la familia. Me eché a correr calle abajo.

Fui a parar en mi loca carrera hasta el cementerio, el lugar se encontraba iluminado por las velas que estaban dedicadas a los muertos, quedé embelesada ante el espectáculo sin saber por qué.

LA CABAÑA.

La cabaña que habitábamos, estaba ubicada sobre la falda de la colina más alta que se levantaba sobre La Ciudad: (El Cerro de La Cruz).

La Cabaña era de fuertes troncos, paredes de tablas, techos de tejas, compuesta por dos habitaciones y un comedor que a la vez hacía de cocina. A apenas tres metros de distancia, otras similares a ella, una estrecha calle de tierra. Los vecinos de origen campesino resultaban buenas personas.

El patio que rodeaba la entrada a la cabaña estaba sembrado por una gran variedad de plantas de jardines, en donde predominaban las matas de Crotos y un frondoso Roble, un Ciruelo, un Guayabo, un Almendro, y una fina yerba cubriendo el suelo.

Acudieron los amigos hacia la casa blanca y acogedora. Aromáticas tazas de infusiones de hierbas llenaron las tardes. Poesías dichas por Delfín Prats de su propia creación, la lectura de un poema de Jorge Luis Borges, o Emilio Ballagas, algún muchacho que iniciaba sus pasos como poeta, también nos regalaba sus versos. Otros improvisaban un caballete y pintaban sobre el blanco lienzo las flores que cubrían la mata de Roble.

También se hacía algún comentario sobre la nueva propuesta política, manifestada en público por algún dirigente político, donde se alegaba que el nuevo plan para el desarrollo de la agricultura ese año sería un éxito, ya que se aplicarían las técnicas aprendidas por expertos en la Unión Soviética.

Y así de esa manera transcurrió el tiempo.

LOS NIÑOS

Los niños también fueron felices en la cabaña, diariamente encontraron un motivo nuevo que les diera alegría, extasiados en su patio lo llenaron de fantasías. Runa decía que estaba habitado por duendes, que ella tenía la facultad de hablar con ellos, esto provocaba las risas de sus hermanos, pero al final terminó por convencerlos. La recordaba cuando se perdía entre los arbustos. Al regresar Runa de su largo viaje decía haber visitado una familia de nomos que tenían su casa debajo del Almendro. Contó a sus hermanos que estos hombrecitos pequeños se alimentaban de semillas y que todos los libros y juguetes que ellos perdían, se encontraban en aquel lugar. Cuando Axel le preguntó, cómo era posible que ella tan grande se pudiera meter debajo de las raíces del almendro, Runa contestó: "que los hombrecitos pequeños eran sus amigos y por eso le daban esa facultad".

Axel le regaló su brújula a su hermana para que un día lo invitara a una de sus excursiones; como condición le hizo firmar un documento, donde el juraba silencio, sobre todo lo que viera y oyera. Una mañana los vi partir hacia los escondites que tenían en el jardín, llevaban un ramo de flores amarillas que habían recogido en la colina, y un viejo diccionario de español-latín.

Ya los niños llevaban alrededor de una hora escondidos en el jardín, se hacía tarde para Runa, porque ella al mediodía iría para la escuela, y antes debía almorzar, arreglar los libros, hacer sus tareas escolares, y me atreví a llamarla. Apareció junto a su hermano llorando, se quejaron porque mi voz había ahuyentado a sus amigos. Les dije que no lloraran, que otro día volverían a verlos. Cuando les pregunté por las flores y el diccionario, me contestaron que se los habían regalado a sus amigos los duendes.

Lía vivía quizá en otro mundo, o de otro modo y se burlaba de las fantasías de sus hermanos. Lía hizo amistad con una muchachita vecina que iba con ella a la escuela de Gimnasia, su sueño era convertirse en una gran gimnasta.

RECUERDOS SOVIÉTICOS.

Un nuevo amanecer en la ciudad, las mismas estampas callejeras : carretones halados por cansados caballos, esqueléticos, hambrientos, alimentados solamente por papeles embarrados de merengue, que se desperdiciaban en las pastelerías oficiales. A la bodega no había llegado el café asignado semanalmente, ¡si pudieramos saborear una taza de té! Los hogares cubanos durante tres décadas bebieron este estimulante líquido. El té negro a granel era envasado en grandes cartuchos de estraza, donde perdía un poco su bouquet original y comenzaba a apestar a cucaracha, pero no obstante, era el deleite de todos los jóvenes y de los intelectuales que iniciaban sus primeros pasos profesionales en las tertulias de provincias. Pero con la desaparición del comercio con la Unión Soviética también se acabó el té, el vodka, los vinos de dudosa procedencia y las medicinas. A su cultura nos quisieron someter radicalmente. Incluso algunos cubanos sentían satisfacción cuando les llamaban *rusos*, debido al parecido físico con la raza eslava, tez clara y cabellos rubios. Resultaba casi imposible pasar por una escuela y en la hora de receso escolar, no escuchar o ver bailar a los muchachos alguna Troika o Polca. Para los desfiles escolares había que vestir a los niños de aldeanos rusos. Hace unos días mi amigo poeta que estudió en ese país, encontró unos discos con música rusa y los trajo. Los oímos con atención, era una canción triste, su cantante nos narraba las desgracias de la guerra. Tuve la oportunidad de tratar a algunas rusas, fueron muchachas que vinieron a Cuba como traductoras del idioma, nunca hablamos de política. Les regalaba caracoles y ellas me obsequiaban, bombones de chocolate que sólo estaban destinados para extranjeros. Todo quedó atrás, otro sueño-pesadilla de estas tres décadas.

NUEVA ESPERANZA

"Dios es nuestro refugio y nuestra fuerza, es nuestro defensor en el peligro. Dios está a nuestro lado.

Él rompe las rocas, quiebra las lanzas, prende fuego a los escudos.

¡Aleluya gloria a Dios!"

A finales del año 1993. La prensa oficial declaró maquiavélicamente que: "Había una apertura religiosa en Cuba". Los católicos se aunaron y lanzaron su pastoral, donde se hacía una llamada de reflexión al gobierno de la Isla. En la pastoral se exponía que era necesario realizar cambios, y no renovaciones en el sistema de gobierno. Había que evitar un estallido popular. El descontento había crecido de manera secreta, lo cual se respiraba en la atmósfera y en la disciplina laboral, así como en la cada vez más deficiente economía.

(Diálogo era la petición, dialogar entre el gobierno y algunos representantes de distintos partidos que se encuentraban organizados en la clandestinidad, también las voces del exilio debían dar su criterio.)

Se publicó en la prensa internacional un enorme pliego de peticiones, y puntos de vista que de manera inteligente y cautelosa, evitaba juzgar al gobierno comunista y sólo pedía tolerancia, a través de todos los máximos prelados de la Iglesia Cristiana. ¿Para qué? Otra esperanza ingenua, otro paso en falso en el deteriorado sistema.

No importaba que hubiera apagones, al llamado de las campanas acudían a la misa los feligreses y al amparo de las veladoras se celebraba la ceremonia.

"¡Virgen de la Caridad, Virgen del Cobre, Madre de todos los cubanos haz el milagro!". Era la plegaria que se gritaba, desafiando a la oscuridad, la lluvia y los espías. Noche por noche, hacia la iglesia se dirigían más jóvenes. La fe había encendido los corazones. El pueblo esperaba una respuesta.

VIAJE A MÉXICO.

Salí de Cuba el día 31 de Diciembre de 1997. Dos horas y media más tarde llegaría a Ciudad México.

Cuando miraba por la ventanilla del avión veía desaparecer ante mis ojos, la tierra en donde había nacido, crecido y pensaba morir. Al poco rato las nubes lo escondieron todo. Desee venir a México para encontrarme con mi esposo Andrés, y mi hijo Axel, y respirar un poco de libertad.

Andrés vino a esta ciudad con el fin de trabajar en la restauración de los murales mexicanos. Axel llegó tres años después.

Las madres cubanas pensábamos, que era una solución mandar a los hijos para el extranjero, porque de esa manera los librábamos del hambre y la persecución política que existían en el país. Si no pensabas como los políticos cubanos, corríamos el riesgo de ser encarcelados. Si negabas las ideas impuestas, te acusaban de *diversionista* ideológico. Ellos los gobernantes del país, habían criado un patrón sociopolítico basado en la ideología marxista-leninista, "el hombre nuevo", y respondiendo a estos estatutos tenían que ser los jóvenes. Sobre todas las cosas, amor a la revolución y los designios de su máximo jefe.

Pero qué error cometíamos las madres cubanas al separarnos de nuestros hijos. Por las calles de México, caminaban jóvenes traumatizados, no habían podido superar la nostalgia que sentían por La Isla, y se embriagaban con ron y drogas.

También veía a jovencitas traídas a este país con la promesa de convertirlas en señoras ricas, y se prostituían. Con falsas caricias debían pagar a su proxeneta el dinero invertido en sacarlas de Cuba.

Otras y otros jóvenes corrieron buena suerte, porque encontraron a su familia esperando por ellos y en ocasiones al mas buenas que se humanizaban ante el dolor que tenían.

ANDRES

Cuando Andrés llegó a la Ciudad de México, una de las primeras cosas que se propuso fue: contactar con una galería de arte para presentar una exposición de sus pinturas. Logró su afán, después de hablar con la directora de una prestigiosa galería.

“La otra Ciudad”, fue el nombre que Andrés dio a la colección de obras que expuso. Estos cuadros eran pinturas abstractas, recreando a la ciudad de México: vitrales, fachadas, calles. Entonces yo me encontraba en Cuba y allí recibí con mucha alegría esta noticia. Esperaba que esta exposición le abriera a Andrés nuevos caminos en las Artes Plásticas.

Pero no todo salió bien con la exposición. Para esa fecha Andrés no tenía los documentos en forma para hacer trámites judiciales, y la dueña de la galería al saber esto, lo estafó, apoderándose de toda su obra. Como consecuencia de este fracaso Andrés se deprimió y ya no tuvo deseos de volver a exponer.

Cuando llegué de Cuba a México encontré a mi hijo pintando mucho, porque él e igual que Andrés, preferían guardar las obras en espera del momento adecuado.

ABUELA

Mi abuela había nacido en Gibara, un puerto de mar cubano que está situado en la provincia de Holguín. Nació en ese lugar a finales del siglo XIX. Abuela nos hablaba de Gibara con mucho amor, ella al casarse con mi abuelo vino a vivir a la ciudad de Holguín. A mí me gustaba molestar a mi abuela diciéndole que los cerros que rodeaban a la ciudad de Holguín eran más bonitos que el mar de Gibara, entonces ella me respondía:

— ¡Niña, ni tú misma te crees eso!

Me gustaba visitar La Villa de Gibara en verano, caminar por sus calles, algunas todavía empedradas, detenerme frente a algunas de sus casas, admirar su estilo colonial y sus prestigiosos vitrales con muchos colores. Los Gibareños a pesar de las pocas oportunidades que ofrecía la economía en Cuba conserbavan su patrimonio con mucho amor.

Desde el Cuartelon, antigua fortaleza española podía ver a la bahía, el mar con sus colores, que iba desde el azul claro, hasta el azul turquesa. Seguía mi caminata por la vieja ciudad y sentía como la suave brisa llenaba mis pulmones. Al llegar a lo alto de los cerros que rodeaban a este pueblo mágico, detenía mi vista para disfrutar el paisaje que ante mis ojos aparecía, las casas con colores brillantes en sus fachadas y techos de tejas rojas españolas, el mar a lo lejos, pequeños barcos de pesca, las olas saltaban y la blanca espuma quería acariciar el cielo azul. Allí entre esas aguas nacieron las leyendas de los pescadores, atribuidas a apariciones fantasmales que les salían en las noches cuando se iban a pescar. Ellos aun decían que eran los espíritus de los piratas que antaño naufragaron en esas aguas. Quién me hubiera dicho entonces, que también en estas aguas naufragarían amigos y familiares que se iban de La Isla en busca de un sueño: sueños, sueños.

NOSTALGIA.

Visitaban mi casa amigos procedentes de distintos países. Benjamín llegó a México procedente de Estados Unidos de América, (fue a ese país a través del éxodo del Mariel.) Era un cubano que buscaba a La Isla constantemente, esta búsqueda lo llevó a Guatemala y luego hasta aquí. Pero ya hacía tiempo que había comprendido, que nunca encontraría el calor humano de su pueblo, ni su cielo azul en otras tierras. Cansado de caminar de un lado para otro se refugiaba en la bebida, como si así pudiera olvidar sus penas. Allá habìa quedado mamá, a quien quería tanto y no lo supo hasta el día que la abandonó. Podemos encontrar a Benjamín en La Alameda jugando Ajedrez, era un gran maestro, cuando daba un jaque mate, se lo daba también al gobernante rojo que quería perpetuar su mandato en Cuba.

Samanta era otra historia, ella era europea y vino a este país a hacer carrera artística, pero sus ilusiones se desvanecieron al no encontrar el contrato ideal que la consagrará como actriz en la televisión. Visitaba mi casa porque era amiga de Axel.

Sebastián era de origen cubano por parte de padre, vino para México cuando tenía cuatro años, pero él nunca olvidaba el pueblo cubano donde nació, y hacía un esfuerzo grande por no olvidar la sierra del Escambray. Sebastián se casó con una mexicana, pero dice con orgullo que sus hijos parecen no obstante cubanos.

Sebastián se reunía con los cubanos que se encontraban en el exilio de México, y de esta manera mantenía unida sus raíces al pueblo que lo vio nacer.

Carlos era de Holguín, apenas tenía unos treinta años de edad, nació en el seno de una familia de excombatientes del ejército rebelde. Carlos pudo apreciar desde muy pequeño el trato que daban a los revolucionarios que no siguieran la política impuesta, su casa era ejemplo de esto, su familia vivía muy pobre, no tenían recursos ni sociales, ni económicos porque estaban discriminados por el sistema al no simpatizar con la política impuesta. El padre de Carlos murió joven, su madre lo crió a él y a sus hermanos con muchos sacrificios.

Carlos se inclinó por el estudió de las letras, y cuando terminaba su carrera de periodista, fue llamado por la policía para que les sirviera como delatador de las conversaciones que sus compañeros de estudio tuvieran en contra del sistema político, al no aceptarlo fue expulsado de la universidad. Entonces contra este joven iniciaron una persecución implacable, viéndose obligado a abandonar a Cuba. En la actualidad vive en Londres donde terminó sus estudios universitarios.

Carlos se encuentra conectado a mi familia a través del teléfono y sus cartas. Hace un momento me llamó para decirme que venía a México.

Axel estudió Licenciatura en Pinturas en La Habana, llegó a México lleno de ilusiones, visitó exposiciones de pinturas, museos y otras ciudades, leyó libros escritos por los intelectuales cubanos que aquí se vendían y en Cuba no, debido a la censura, entre otros a los escritores Reinaldo Arenas, Cabreras Infantes. También enriquecieron sus conocimientos culturales los mexicanos Octavio Paz y Juan Rulfo.

Axel pintó en pocos meses muchos cuadros, que se encontraban en la actualidad en colecciones particulares en México y Estados Unidos de América.

Axel, descubrió un día que en La Alameda existía un club donde se jugaba Ajedrez, aficionado como era a este juego, pronto formó parte de este club. Ahí conoció a Benjamín el cubano errante, y a Sebastián el descendiente de madre mexicana y padre cubano, con ellos jugaba Ajedrez y polemizaba sobre la situación de Cuba, también les hablaba sobre sus amigos y familiares que se encontraban al otro lado del mar. El cubano mexicano no aceptaba, lo que decían Axel y Benjamín con respecto a la política de Cuba, Sebastián estimaba que los cubanos que abandonan La Isla lo hacían por seguir el rumbo de la política capitalista: entonces era cuando la discusión subía de tono porque cada cual defendía su punto de vista.

Raquel Martínez Gómez era española y periodista, la conocí en Holguín cuando fue hasta allá a través de una beca que le concedieron en Cuba, para que hiciera algunos estudios sociales y políticos. Sentía como muchos jóvenes europeos una gran admiración por la Revolución Cubana.

Pero Raquel, cambió su punto de vista al visitar la Isla y ver la realidad de los jóvenes cubanos en sus casas, en sus escuelas, conocer la miseria, y las limitaciones en que vivían ellos y sus familiares. Volví a encontrarme con Raquel aquí en ciudad México, ella vino a la UNAM a hacer una maestría.

Pilar González es cubana, descendiente de españoles, vino a México invitada por una amiga mexicana que conoció en Cuba.

Pilar es Licenciada en Letras, tiene gustos refinados, le gusta oír música clásica, visitar Galerías de Artes. En este país conoció a un joven Belga con él comparte sus sueños de amor. Esa tarde todos conversamos con alegría, mientras tomábamos café negro cubano, a pesar de existir contradicciones en algunas opiniones.

Benjamín bebía más que nunca, tequila tras tequila, de esa manera desahogaba su nostalgia por Cuba, su silencio lo respetábamos. Axell bocetaba un dibujo, mientras su amiga Samanta le modelaba.

De esta forma sencilla y amena transcurrían los días para mí y mis amigos en la Ciudad de México.

AMIGOS

Allá en mi pequeña ciudad todos nos conocíamos. Cuando teníamos una situación crítica, ya fuera de salud o económica, podíamos contar con la ayuda de familiares o amigos, lejos de Cuba la vida se convertía en otra cosa, cada cual vivía para sus propios asuntos y esta angustia fue lo que me obligó a crear una pequeña miniatura de mi ciudad en México.

Hoy vino a visitarme Lemis, mi amigo cubano escritor y bohemio. Me invitó a conocer la Colonia de Coyoacán.

Coyoacán, es una colonia que no queda tan lejos del centro de la ciudad que es en donde vivía. Coyoacán es mágico como todos los lugares que conozco hasta ahora. Su zócalo principal está rodeado de tiendas abarrotadas de artesanías con brillantes colores, restaurantes, heladerías con variados sabores de helados: nueces, almendras, guanábanas. También se encuentra una majestuosa iglesia, con pinturas al fresco, y exquisitos vitrales.

En el zócalo vi a un mimo o payaso hacer maravillas para divertir a los niños, sus chistes y pantomimas fueron premiados con aplausos y risas, después el mimo o payaso pasó un plato ante el público que lo llenó con monedas. En una esquina del parque una joven pintora con fisonomía Europea, pintaba un retrato a su modelo, un muchacho indio. Una Tarotiana predecía el futuro a una extranjera.

En las cantinas se vendían platos con comida mexicana con mucho Chile, carnes de cerdos o de carneros, gorditas y tacos para todos los gustos. Yo me comí un taco al pastor, mi amigo se tomó un licuado de frutas. Regresé alegre a mi casa.

CARTAS

Llegaban cartas a mis manos con algún turista que había visitado mi ciudad natal: traían noticias que me daban alegría, también tristeza.

Contaban mis amigos y familiares que La Isla sufría el azote de una cruel sequía, como consecuencia de esto el hambre aumentaba al no haber producción agrícola.

A mediados de los años sesenta, el gobierno llevó a cabo un plan de tala de árboles en la provincia de Camagüey, en una región llamada Las Mil Nueve, con el objetivo de sembrar en estas tierras caña de azúcar. Fue la época que soñó el Gobernante Rojo en convertir a Cuba en una industria absoluta del azúcar.

Como consecuencia de la tala de árboles, cesó la lluvia. Ahora se convocaba a los obreros y estudiantes a sembrar bosques.

Mientras que este nuevo plan de reforestación no surtiera efecto, La Isla seguiría viviendo las consecuencias de la tala de árboles.

LA PUREZA DE ROLANDO

Conocí a Rolando en el rancho del Señor Sosa García en México, con deseos de trabajar vino este muchacho a México, deseaba ahorrar un poco de dinero y después regresar a Cuba.

El Señor Sosa García contrató a Rolando como jardinero y chofer, trabajos que realizó el joven con mucha responsabilidad.

El Señor Sosa García era una personade gustos refinados. Este Señor había estudiado en Estados Unidos. Su carrera de médico significaba para él su sostén económico, su vida espiritual la alimentaba con el arte, y era la música su preferencia, tocaba el piano con magistral habilidad. A su casa acudìan amigos de diferentes capas sociales, Doctores, artistas, maestros, peluqueros, sus tertulias eran brillantes y famosas en Ciudad México.

Rolando el joven chofer y jardinero no era tímido ni tranquilo, al contrario hacía gala de un carácter rebelde, poseía la rebeldía de los muchachos de su época, criados bajo la opresión del Marxismo - Leninismo, por eso cuando llegaban al extranjero se sentían libres de ese yugo.

Rolando al terminar su trabajo se acostaba sobre la fina hierba del jardín, cerraba los ojos y soñaba con regresar a Cuba, a su pueblo de estrechas calles y casas pintadas con alegres colores, y acababa durmiéndose, en el sueño visitaba a su abuelo santero, su abuelo brujo que le dio un amuleto para que lo protegiera, sonríe, se está celebrando una fiesta de santo: Hay sacrificios de chivos, palomas blancas, gallinas, ve a sus amigos danzar al compás de los toques de tambores, son bailes yorubas, heredados de los negros africanos. Cuba se dibujaba ante los ojos de Rolando, Cuba y su muchacha, Cuba y su gente, Cuba y sus playas.

A los pocos días de encontrarse Rolando trabajando en la casa del Señor Sosa García sucedieron cosas con las que no contaba, su presencia despertó tremendos celos en la pareja de su patrón.

Rubén, era el nombre del compromiso del Señor García, este joven de inmediato rechazó a Rolando, sintió miedo de ser sustituido en el corazón de su amante. Las discusiones entre los dos jóvenes fueron constantes.

Rubén a cada momento agredía a Rolando utilizando él mas mínimo de los pretextos, lo acusaba de no alimentar a los perros y de no atender el jardín.

También acusaba a Rolando de maltratar a los coches, alegaba que este joven no sabía manejar aquellos carros porque en Cuba sólo manejaba rastras con cargas pesadas.

La vida en aquél lugar se convirtió para el cubano en un infierno, pero a pesar del maltrato que recibía, soportaba, porque necesitaba ganar dinero El Señor Sosa García, sólo se limitaba a escuchar, observar y guardar silencio, miraba a Rolando correr por el patio tras los perros: El muchacho era hermoso y apasionado.

Así estaban las cosas cuando llegó el momento de irse Rolando para Cuba. Iba con el dinero ganado con su trabajo en la hacienda del Señor Sosa García, dinero que llevaría a sus familiares y a su amada.

Regresó días después de La Isla, llegó más rebelde que nunca, no temía a Rubén que hería a la cocinera con sus burlas, al criticarle los romances que había tenido. Un día se rompió un Piano y de ciudad México fue hasta el ancho un especialista a arreglarlo, este era un señor de gustos refinados y delicados, mirada triste y voz dulce. A la hora de la cena se sentaron todos a la mesa, la cena estaba exquisita: arracheras, barbacoas, chiles rellenos con pavo, sopas, vino blanco traídos de las mejores bodegas. Rolando entre bocado y bocado comenzó a hablar de Cuba, manifestó toda su nostalgia y dolor al tener que dejarla porque necesiaba buscar un poco de dinero en otro país, también dijo que estaba obstinado de la indiada mexicana, y abandonó la mesa tumbando una silla a su paso. Rubén lo miró sin hacer comentarios, el Señor Sosa García no se encontraba y él precedía la cena.

El Señor Sosa García al conocer la actitud de Rolando con su invitado se indignó y lo despidió. Esa tarde el Señor Sosa García tocó el Piano con más sentimiento que nunca. Brindó Champaña a invitados y empleados,y él terminó bañándose con el líquido burbujeante. Por todo el salón de la música corrió el champaña.

El Señor Sosa García invitó a su Rancho a nuevos amigos, deseaba olvidar a Rolando y esta era una manera de hacerlo.

A los pocos días se sintió en la casa la ausencia del joven Rolando, la hierba en el patio creció, las ardillas se escondían en las madrigueras porque el nuevo jardinero las cazaba para venderlas a los turistas que visitaban el pueblo. También murió la perra de raza. La piscina se veía con el agua sucia. El Señor Sosa García miraba desde la terraza hacia el jardín, buscaba al muchacho cubano entre los árboles.

ELENA

Coincidí con Elena en una exposición de Arte Contemporáneo en una Galería en La Colonia Roma. Elena tenía treinta y cinco años. Después de este encuentro entre Elena y yo surgió una bonita amistad. A Elena le interesaba relacionarse con pintores cubanos, porque se dedicaba a la venta de pinturas. Mi esposo era un pintor cubano que vivía aquí en México desde hacía varios años.

Una tarde visité a Elena y le pregunté cómo había llegado a México. Ella me respondió sin ningún titubeo, Ellla me contó que había venido para México al casarse con un mexicano que conoció en Cuba.

Continuó diciendo: que este era un mexicano con muy buena onda y esto provocó que se enamorara de él, pero que después había tenido que dejarlo, porque este señor llevaba una vida un poco movida, movida y disipada, ella era una muchacha muy joven y no tenía familiares en México. A Elena se le presentaron muchas dificultades para seguir adelante, pero su fe en Dios y el amor a su madre que vivía en Cuba la ayudaron...

Elena para conseguir trabajo tuvo que decir que era diseñadora de ropas, y la aceptaron en él puesto que solicitó, entrando como jefa de un departamento de diseños y de esa manera fue como salió adelante. Había llegado a México con muy buena posición y se había quedado en la calle.

Al año siguiente de haberse divorciado, conoció a un señor mexicano con el que todavía mantiene una relación muy bonita, y este es el hombre que más ha amado en la vida, con el que se ha identificado a todos los niveles, tanto materiales como espirituales

También me dijo cómo se inició como representante artística de pintores cubanos que vivían ahora en México.

Contaba “que de niña admiraba mucho a un tío pintor”. El tío desde pequeño pintaba y ella trataba de imitarlo, pero nunca pudo hacerlo bien porque sus manos no respondían a lo que había en su mente, y esta era la referencia que había tenido para introducirse en el mundo de las Artes Plásticas. Que al quedarse a solas recordaba mucho a su tío, en especial los momentos que lo veía pintar con lápices o crayolas a un pajarito que volaba, una hoja, o el atardecer en el campo .

Ella nunca había podido pintar, y esto le daba mucha tristeza, pero si estaba convencida que llevaba dentro una pintora, aunque sus manos no respondieran a ese don. Pero comprendió que si podía manejar algo que tuviera que ver con ese arte y se dedicó a la venta de pinturas.

Entonces se dio a la tarea nada fácil de recopilar los datos de pintores cubanos que estaban en el exilio mexicano, y que necesitaban salir adelante, que aparte de tener buena calidad como artistas, eran personas con las que se podía trabajar, y hacer cosas interesantes, y de esa manera comenzó a vender arte.

Sentía mucho agradecimiento hacia los pintores que le confiaban sus obras, porque hoy vivía de eso, no como una reina, pero sí modestamente. Cuenta que gracias a la venta de pinturas había podido ayudar a muchos pintores, que también tenían la necesidad de vivir igual que ella.

Estima, que Rancel y Armando Gómez son los que han tocado su fibra artística, que Richard era un buen pintor pero que le gustaba su obra como diseñador escultor y que Lázaro Reinaldo ya tenía una bonita obra realizada. Pero sabía que todos tenían sus encantos de alguna manera.

Elena entiende que su vida si había dado frutos porque sabía que había personas agradecidas, que le tomaban en cuenta, que valoraban lo que hacía, porque la vida no era sólo recibir, también había que dar, que como ser humano había que sacar ese pequeño egoísmo que se llevaba adentro, porque no siempre era recibir un halago, también había que sonreír al recibir una flor. Aunque no recibieras un centavo en una venta.

Consideraba que afortunadamente había recibido cosas positivas de sus amigos, porque la vida estaba llena de matices, que eso lo sabía la gente que estaba alrededor de ella, que había aprendido mucho y que uno era el propio arquitecto de su propia vida.

SITA

Al organizar el librero encontré entre las páginas de un libro una carta que me había mandado Sita desde La Habana. Hacía días la había recibido y pospuse la lectura para otro momento, porque ese día me encontraba muy deprimida, era el cumpleaños de mi hijo Axel, y él no se encontraba a mi lado, había partido hacía unos meses hacia Miami, se fue con deseos de mejorar económicamente y realizar exposiciónes de pinturas.

Abrí el sobre que traía la carta de mi amiga, y comencé la lectura que me sumía en la nostalgia. Sita también sufría por la separación de sus hijos, el mayor se había ido hacía unos años a estudiar a Alemania y se quedó allá, también su otro hijo Salvador estuvo obligado a abandonar La Isla por las presiones políticas al escribir obras de teatros que criticaban al sistema.

Decía Sita en su carta, que había visitado a Holguín hacía unos meses y apenas alcanzaba ver a sus amigos, porque la mayoría habían abandonado la ciudad, unos se fueron a otros países y otros marcharon a La Habana. Yo tuve la misma experiencia cuando fui a Cuba.

Hace unos meses visité a Cuba, necesitaba ver a mi familia. A mi hijas las hallé muy delgadas y demacradas, sus rostros reflejaban el sufrimiento causado por la opresión política y la falta de alimentos. Llevé artículos de primeras necesidades a mis familiares y amigos, cosas que hacían tanta falta en Cuba y que pasaban desapercibidas en México: elásticos para las faldas, revistas de modas, que las llenaban de ilusiones, aunque nunca se hicieran los modelos que veían en ellas, porque había que darle prioridad a los alimentos. El dinero que ganaban con su trabajo apenas les alcanzaban para comprarse zapatos o un vestido en las tiendas de ropas usadas.

Los cubanos que tenían familiares en el extranjero, gozaban de otra posición económica porque estos les mandaban dólares y podían comprar en los supermercados que vendían a cambio de esta moneda. Como consecuencia de esto surgió una nueva clase social: los que tenían dólares y los que no lo tenían.

Algunos jóvenes habían dejado atrás los principios morales con los que la familia los crió y se prostituían. A estos jóvenes los llamaban jineteros o jineteras, porque iban detrás de los turistas en busca de divisas. Ahora la policía los perseguía, pero hacia unos años el máximo gobernante de la Isla declaró que las jineteras y jineteros cubanos eran sanos y cultos. Necesitaba de ellos en aquellos momentos para fomentar el turismo. Pero se continuaba haciendo de dos maneras: a través de contactos y amistades, la otra forma era a través de redes de internet y de casas de modas, como un producto lujoso y tropical más, controlado exclusivamente por la oficialidad, que percibe él más alto porcentaje, realizándose todo de manera discreta y exorbitante entre los círculos de la nueva clase social surgida con el comunismo ruso, la antiguamente llamada "nomenclatura".

He tenido que salir al paso a algunos mexicanos porque sin el menor escrúpulo o respeto dicen que van a Cuba, a *comprar* una *cubanita* o un *cubanito*. Orgullosos contaban que llevaban ropa interior, playeras y jabones de baño a cambio de un cuerpo delgado y bello, capaz aún de ofrecer amor o pasión a cambio.

Es necesario que otras madres conozcan la verdad sobre Cuba, para que eviten un día en su país una situación política y social como la cubana, si es que eso puede evitarse cuando depende de una junta militar, o de un partido político que se entrona durante décadas sin posibilidades de cambio o apertura. Este es mi modo de darlo a conocer, desde mi ciudad no lo podría hacer jamás, porque la censura y el miedo lo prohibirían.

Contaba Sita en su carta que en las cafeterías ya no vendían café a cambio de la moneda cubana, que si no tenías dólares no podías comprarlo, que los jóvenes se detenían frente a los supermercados de área dólar, alucinados ante los tenis, los zapatos italianos o españoles. Que la escuela de arte en donde estudiaron sus hijos y los míos, era ahora un solar lleno de basura, y los jardines de las casas habían sido sustituidos por plantas de boniatos y plátanos, plantas miserables que nunca producirán, estériles como la realidad misma, juego de tontos para entretener a la población.

Mi amiga se quejaba con dolor, porque hacía tiempo no veía a sus hijos, que Aurora su hija más pequeña esperaba un bebé y no sabía quien al nacer lo recogería en sus brazos. Aurora vivía en la Isla de Cozumel, México.

PILAR

Pilar se encontraba disfrutando momentos felices al lado de su novio Belga. Me visitó por la la mañana y me contó cuáles habían sido sus últimas experiencias con este muchacho.

Se encontraron en el centro de la ciudad, donde pasaron algunas horas, él la había invitado a tomar unas cervezas. Entraron a un billar que estaba situado entre dos edificios viejos, y se sentaron a hablar sobre los proyectos de ambos. El belga era uno de los principales inversionistas de una empresa que fabricaba objetos de plata para Cuba: llaveros, abridores de cartas, cerámicas con temas cubanos. Vendía la mercancía a los empresarios cubanos que a la vez las sobre –vendían, como si fueran echas allá a los turistas que iban a La Isla.

Cuando visité a Cuba el año pasado, un litro de aceite marca Patrona, comprado a México, lo vendían a los cubanos en las" Shoppings" a dos dólares con cuarenta y cinco centavos. En los mercados de México yo compraba este producto a menos de un dólar. Eso mismo sucedía con otros productos de primera necesidad: jabones, espaguetis, zapatos y hasta las medicinas.

Decía Pilar que estaba dispuesta a seguir a su novio a Bélgica, primero porque lo amaba, después porque no resolvería nada con volver a su casa. Allá en La Isla sólo la aguardaban las privaciones: falta absoluta de expresiones políticas, hambre y someterse de nuevo a un régimen autoritario. Desde Bélgica podría seguir ayudando a su familia económicamente, para eso estudiaba con ahínco. Encontraría un buen trabajo que le permitiría realizar este sueño.

EVOCO

Los días pasaban lentos, algunas veces creía estar en mi casa de Cuba con mis hijos pequeños. Pero estoy bajo otro cielo y hay otras personas a mi lado. Otros olores invadían mi vida.

Allá al otro lado del mar se encontraban mis raíces: familiares, amigos, las plantas que sembré y no sé sí sobrevivieron a la sequía que hay en estos momentos hay en La Isla.

"Cerraba los ojos y veía a mis hijos cuando eran niños jugando en el patio. Runa decía que era maestra, se había puesto un vestido mío que le quedaba muy largo, se recogió el pelo con una peineta. Entre las cosas viejas que yo guardaba en una gaveta encontró unos espejuelos que eran del abuelo - le faltaban los cristales- sobre su mesa de juguete colocó algunos libros, y un borrador. Recostó una pizarra al Roble: sus alumnos eran Axel y Lía, Runa les hablaba de los versos sencillos de José Martí, Axel se negaba a escucharla, deseaba ir a jugar con los carritos de madera que le compró su padre, Lía se dormía, estaba cansada, acababa de llegar de la escuela. Pero esto sucedió hace muchos años, ahora me encuentro lejos de todo, el tiempo pasó sin apenas percibirlo. Runa y Lía se encontraban en La Isla, Axel en Miami."

Recuerdos que servían para alimentar la nostalgia, recuerdos que son la poción mágica que alimentaban mi vida, y permitían que siguiera riendo por las calles, en donde día a día se sienten mis pasos. Calles que un día hace muchos años anduvieron también otros cubanos.

CONTROVERSIA

A finales de la primavera comencé a trabajar en una oficina como secretaria. Mis jefes eran cubanos de La Habana, ellos habían llegado a ciudad México hacía unos años, y ya habían incursionados en distintos negocios. Se decía por ahí que los cubanos éramos los judíos de este siglo que ya muere.

Uno de mis jefes era un Señor muy neurótico. En Cuba había sido de la Cultura y esto le proporcionó una vida mejor, permitiéndole entre otras cosas viajar a otros países. Pero un día a este Señor le tocaron su talón de Aquiles al encarcelar a su hijo, por no simpatizar con la revolución, y decidió venir para México en donde en la actualidad vive con él

El ex - dirigente cubano pensó que aquí en México, ganaría buen salario al trabajar como profesor en una universidad. Pero pronto se dio cuenta, que no era así. Por esta razón decidió convertirse en Empresario y buscó como socio a un médico cubano y crearon entre los dos esta pequeña empresa en donde trabajo. Pero mis jefes se tratan muy mal. Él que se siente superior culturalmente menosprecia el trabajo que hace el otro, asimismo el otro se burla de la intelectualidad de su socio, también comenta que tiene el pelo postizo, y que duda de la capacidad sexual que tanto alardeaba.

Estos comentarios me desagradan mucho, pero solo me limitaba a desempeñar mi trabajo de Secretaria. En el trabajo he conocido a personas buenas y humanas, ejemplo de esto era Rosa, una cubana que se hace bolas por cubrir tres turnos de clases en un día, ella es profesora de Danza. Rosa tiene que alimentar a tres niños y manda ayuda económica a Cuba.

También conocí a un periodista mexicano que es pintor y fue a Cuba a descubrir el fascinante mundo de la cultura Afro - Cubana. (De Cuba regresó muy triste al contemplar tanta miseria.) Me enseñó un dibujo echo por él a plumillas a una negrita cubana.

Pero es una cubana de Miami la que más me ha conmovido. Vino de allá buscando tranquilidad en este país: me dijo que ya no podía con las broncas que existían entre los cubanos en la Florida, porque en vez de ayudarse unos a otros se sangraban, yo le contesté que eso era parte de la política que engendraban los tendenciosos al comunismo.

Dalia se llamaba mi amiga cubana, ella vivía en un pueblo cerca a Ciudad México, que se le parece al lugar en donde nació, creció y vivió hasta que se fue a Miami. Dalia compró muebles cómodos para su casa. Eliminó una chimenea que había en la sala de espera porque en Cuba no había, el viejo quinqué que había sido de su madre y que trajo de Cuba lo puso sobre un esquinero en el comedor. Sembró en el jardín Helechos, Siemprevivas, pero estaba disgustada porque no había encontrado matas de Salvia. La Salvia es muy importante decía mi amiga porque si duele un poco la garganta, no había nada mejor que tomarse un chorrito de café colado sobre tres hojas de Salvia, y para espantar en la casa las vibras negativas con poner en un vaso con agua tres gajos de Salvia se resolverían la situación. Yo le dije a mi amiga que en el mercado de Sonora encontraría esa planta. Entonces ella saltó del sillón en donde se encontraba sentada y me dijo: - al momento voy a buscarla. Mi amiga cuando venía para México traía unos gajos de Salvia con el fin de sembrarlos aquí; pero las autoridades aduaneras no los permitieron entrar a territorio mexicano. En Miami los cubanos que practicaban el esoterismo habían sembrado esta planta.

En la oficina ya se sentía un fuerte olor a Salvia, Dalia la había conseguido en el Mercado de Sonora.

Mi jefe el novio de Dalia era ateo, por eso ella tenía que celebrar los rituales cuando él no se encontraba. Dalia incorporó a mi otro jefe a los rituales, que si sabía bastante de Santería y brujería cubana, en Cuba le habían hecho santo y todas las mañanas después que se iba mi jefe intelectual para la universidad, Dalia y mi otro jefe echaban humo de tabaco por toda la oficina, decía Dalia que este tabaco era de buena calidad, poque lo habían traído de Cuba.

Las riñas desaparecieron en la oficina, mis jefes se sentaban juntos en la mesa a la hora de la cena. Dalia cocinaba ricos platos cubanos: Congrí con Chicharrones, Tostones, Chicharritas, Ropa Vieja, Chilindrón de Carnero. A ninguno de estos manjares Dalia le echaba picante como sazón, pero sí mucho ajo, cebolla, comino y cilantro.

Un día descubrí a mi jefe intelectual haciendo la señal de la cruz, esto me emocionó mucho. Sabía que el comunismo no había podido destruir las raíces religiosas de mi pueblo. Porque cuando fui a Cuba, pude ver como las iglesias estaban llenas de jóvenes y personas mayores que buscaban en la religión una nueva esperanza de vida.

Dalia se fue un día, dejando el lugar envuelto en una nube de humo y de perfumes esotéricos. Al otro día volvieron las broncas.

LUISA MARIA

Luisa María llegó a Ciudad México a principios de los años sesenta cuando triunfó La Revolución Cubana, ella decía: que a pesar de su juventud se dio cuenta que en Cuba ocurrirían cambios sociales y económicos, que no mejorarían la situación del país, pero que si la empeoraría. Su padre era catalán, y llegó a La isla con el deseo de trabajar mucho y si había logrado una pequeña fortuna, al construir casas y alquilarlas. Para esta época esto era común. Se veía a Cuba como la tierra virgen donde se presentaban las posibilidades de hacer negocios.

A Cuba la ambicionaban por su posición geográfica que permitía comunicarse con otros países de América, y por sus riquezas naturales.

Cuba la isla grande, situada a la entrada del Golfo de México, Cuba bañada por las aguas del mar Caribe.

Luisa María aprovechó que un mexicano cineasta llegó a Cuba, para entonces ella estaba interesada en convertirse en actriz de cine. Este señor le propuso hacer carrera en México, y como otros artistas cubanos también decidió venir para este país.

Al principio echaba de menos el ardiente sol de Cuba, el azul del mar, a los padres que habían quedado en La Isla.

Poco a poco fue Luisa María acostumbrándose a su nueva vida, atrás quedó La Habana y su alegre gente que no se cansaba de andar de un lado para otro y que con su dinamismo característico llenaba todo el espacio.

Pero pasaron los días, los meses y se cumplió el año de haber llegado de Cuba y aún no había aparecido la oportunidad que la consagrara como actriz de cine. El empresario que la trajo a México había desaparecido, cuando iba a sus oficinas a preguntar por él le decían que no se encontraba. Un buen día se enteró que se había ido a Europa tras una estrella de cine. Entonces lloró mucho.

Allá en La Isla aún se encontraban sus padres, era hija única, y en las cartas que mandaban le contaban la crítica situación que empezaba a vivir el país

Pasó un nuevo año, Luisa María veía más lejos sus sueños de convertirse en estrella de cine, decidió cambiar sus planes y se dio a la tarea de conquistar a un hombre que le diera posición económica.

En una fiesta que celebró una amiga mexicana conoció a un judío que la conmovió emocionalmente. El joven también se sintió atraído por la linda muchacha y pronto unieron sus vidas, meses después nació una hija que completó su felicidad. Después trajo de Cuba a sus padres.

Ya veía Luisa María partes de sus sueños realizados, y como de promesa no se vive decidió también asegurar su futuro y el de su familia, pronto su esposo le regaló un apartamento y joyas finas.

Pero Luisa María descuido su dieta y con el embarazo aumentó varios kilos, de su anterior figura apenas nada quedaba.

El esposo de Luisa María empezó a ausentarse de la casa, alegaba asuntos de negocios en otros estados de México. Ella cuando él regresaba le reclamaba sus derechos de esposa.

Cuando la pequeña Ana María cumplió un año de nacida, comprendió Luisa María que su matrimonio había llegado a su fin. Decidió divorciarse.

Ana María creció consentida por sus padres y abuelos, era una niña preciosa. Entonces Luisa María decidió que su hija seria actriz, a este empeño dedicó todas sus fuerzas.

Después del divorcio Luisa María se fue a Europa a pasear con un nuevo amor, este señor le regaló un apartamento en Acapulco y coches modernos. Su hija se encontraba al cuidado de la niñera, no carecía de nada. Ya para esta época habían muerto sus padres y como todos los cubanos que mueren en el extranjero la última voluntad y pensamiento fue dirigida a Cuba. Guardaba con amor las cenizas de ellos. Un día cuando fuera libre Cuba, ella iría al cementerio de La Habana y depositaria allí las cenizas con todos los rituales que se hacían en la religión católica.

La soledad había caído sobre Luisa María en los últimos años. Su hija había crecido y apenas a ella le dedicaba tiempo porque otros intereses la ocupaban; sus amigos y su carrera artística.

En su soledad recordaba a Cuba, a la primavera que se despidió de La Habana, entonces el mar estaba más azul que nunca y los flamboyanes que había en el patio de su casa llameaban a través de las flores.

En las calles de ciudad México deambulan borrachos sin familia, hijos desprotegidos de la vida, a Luisa María no le conmovía nada de esto. A ella le preocupaban los perros callejeros. Dedicó su tiempo a proteger a estos animales. A su casa llevó a vivir a una perra callejera con tres cachorros. Ahora Luisa María tenía con quien compartir su vida, se levantaba muy temprano a cocinarle a sus nuevos amigos: chuletas de cerdos, pollos con vegetales. Alrededor de sus pies los animales esperaban por sus caricias.

Pero un día en un tianguis que vendía Tacos al Pastor se encontró con un muchacho de apenas veinticinco años; entre ella y él surgió una corriente de simpatía. Volvió al tianguis otra vez, hizo una buena amistad con el joven. Y desde ese día ya no cenó más nunca a solas, ahora su nuevo amigo la acompañaba. En su mesa había de todo lo que podía satisfacer a un invitado a cenar. Comidas exquisitas compradas a un restaurante, porque ella apenas sabía cocinar, manteles y servilletas de hilo, copas de cristal de Bohemia, llenas con vinos de uvas españoles. En la grabadora había puesto unos casetes con música cubana. Los perros comían en el suelo en platos que pertenecían a la vajilla que estaba en la mesa.

El muchacho halagaba a su amiga cuando le decía que todo estaba exquisito y muy padre, ella desde que su madre muriera no había vuelto a disfrutar una cena tan especial.

Luisa María reía de felicidad con los chistes que le contaba aquel chico, era un chiquillo encantador criado en las calles de Ciudad México.

Su amistad con el muchacho despertó en mi amiga antiguos deseos de presumir, y se lamentaba de haber engordado tanto, pero a su amigo parecía que esto no le importaba.

El nuevo amigo la invitó a comer a un restaurante Argentino en el Centro, y para la ocasión se compró un vestido nuevo, y regaló al muchacho una combinación de camisa, chamarra y pantalón.

Luisa María disfrutó una noche mágica al lado de su protegido, porque después de la cena, él la llevó a la Alameda y allí se sentaron en una banca, momento que aprovechó su compañero para estrecharla en sus brazos y besarla.

Ella siguió celebrando la alegría de vivir al lado de su amigo. Pero un día descubrió que en la casa faltaban algunos objetos, el portarretratos con filigramas de oro 18 en donde se encontraba la foto de su hija al cumplir los quince años, y también notó que faltaba su reloj Suizo. Comenzó a sospechar del muchacho y llegó a la conclusión que era él quien se llevaba las cosas. Con tristeza lo despidió al decirle que iba para Miami por una larga temporada. Ella no deseaba destruir la magia que había disfrutado.

Luisa María de nuevo vaga por las calles de México en busca de gatos y de perros. Ya no presume su ropa, sobre su cara ha caído la mar de amargura.

METROS

Todas las mañanas tenía que subir al metro para ir al trabajo, un día me confundí de línea y fui a dar a otra estación. En esta estación encontré una inmensa tienda de ropas que ofertaba precios muy buenos. Me metí en ella, y comencé a ver todo lo que había. Así que comencé a disfrutar todo aquello: faldas, blusas, jeans, zapatos que me probaba y no me acomodaba ninguno, yo actuaba como si de verdad fuera a llevar algo. Un vestido hindú atrajo mi atención, lo tomé en mis manos y lo llevé hasta la caja para pagarlo; pero cuando estaba frente a la cajera me detuve y le dije que me disculpara porque el color que el vestido tenía ya no me gustaba. Después pasé frente a una vidriera donde estaban regalando muestras de perfumes, de todos me apliqué, no sé a qué olería mi ropa al momento.

Cuando vine a darme cuenta el tiempo había pasado, y ya era muy tarde para ir al trabajo. Debía volver para mi casa, me inquieté porque no sabía el camino que me llevara de regreso. Registré en mi bolsa tampoco traía tarjetas para llamar por teléfono, por lo tanto no podía comunicarme con Andrés. Entonces me acerqué a una jovencita que vestía uniforme escolar y le pregunté el nombre de la estación en donde me encontraba, ella me miró desconcertada, y me respondió que aquella era la estación de Tacubaya. Le dije a la estudiante que no sabía cómo regresar a mi casa, porque era cubana y hacía poco tiempo me encontraba en México. La niña muy amable llamó a un taxi, le dio mi dirección al taxista. Yo le había dicho que vivía en El Centro de la Ciudad, cerca de La Alameda. A partir de ese momento traje siempre en mi bolso un mapa del Metro y otro de La Ciudad.

MIAMI

Las mañanas frías comenzaron a hacerme daño. Mi cuerpo no estába acostumbrado a esta temperatura. Me arropaba bien, también tomaba tazas de té negro. Adquirí la costumbre de tomar té en los años setenta, en esa época el café era difícil encontrarlo en las Bodegas, el té lo encontraba en cualquier parte, té negro traído de la Unión Soviética.

En Cuba sólo existían dos épocas, la época de lluvia y sequía. Aquí en ciudad México a pesar del frío que hacía de Diciembre no he visto a los árboles perder sus hojas.

Esa tarde llamó el cartero a mi puerta, traía una carta procedente de Miami, era de mi tía Elisa que me pedía que fuera a verla. Mi tía Elisa abandonó a Cuba cuando apenas yo tenía unos quince años, y nunca más la había vuelto a ver porque ni fotos me mandaba. Ella fue la tía que siempre estuvo dispuesta a complacer mis caprichos, la recuerdo vestida con ropas elegantes y oliendo a aromas de perfumes caros.

Acepté la invitación de tía Elisa, iría a Miami a verla. Así también vería a mi hijo y a mis hermanos.

Al llegar a Miami y salir del aeropuerto lo primero que sentí fue un tremendo calor. Después vi a mi tía acompañada por mi hijo Axel, a mi hermano Alejandro y mis amigos José y Germán. Mi tía a pesar de los años que habían pasado -veintiocho años- se mantenía bonita y elegante. Después de los saludos efusivos nos fuimos todos para la casa de mi tía.

Axel recibió con mucha alegría los regalos que le llevé: una camisa de mezclilla azul, una cajita de Alpaca comprada en una feria con tres miniaturas de vidrio soplado: un gatito, una ardillita y un buhito.

A mis amigos regalé un sonajero de Ónix con peces tallados, a mi tía una muñeca de yute con flores secas y a mí hermano Alejandro un monedero con un sol pintado.

México también había quedado al otro lado del mar. En Miami está la comunidad cubana y gran parte de mi familia. Pasé en Miami treinta días, compartí momentos felices con todos los cubanos que vi, pero decidí regresar a Ciudad México.

Ahora desde Miami me llamaba mi hermano Alejandro, yo lo invitaba a que veniera a conocer a México, sé que esta tierra le gustará y le digo a través del teléfono, que México es un eterno carnaval, que venga a visitar el Cerro en donde se encuentra La Basílica de La Guadalupe.

Alejandro fue para Miami a través del sorteo que todos los años el gobierno de Estados Unidos hace para sacar a los cubanos de la Isla, pero su sueño fue haber llegado a La Florida en una Balsa. Fue sorprendido por las autoridades cubanas cuando en una ocasión trato de abandonar a Cuba de esa forma. Por esto guardó prisión.

Axel se quedó allá en Miami. En esta tarde invernal recuerdo cuando los dos paseábamos por la orilla del mar allá en Miami Beach, yo le hablaba de los amigos que quedaron en Cuba, de sus hermanas y sobrinos, de su gato siamés que ya estaba perdiendo los dientes y hasta apenas veía de un ojo, de la escuela en donde estudió Pintura. Le explico que en ese lugar ahora existe un cabaret típico en donde grupos de bailes, bailan Danzas Afrocubanas con el fin de atraer a los turistas.

A Axel le seguía interesando Ciudad México, también le dije que en La Alameda continuaban los jugadores de ajedrez con sus partidas, y que Benjamín su amigo cubano enseñaba este juego ciencia a quien quisiera aprenderlo a cambio de algunas monedas para él subsistir.

Ahora camino de nuevo por las calles adoquinadas del centro de Ciudad México. Me distraen las vidrieras mostrando sus mercancías, también los vendedores ambulantes haciendo competencias al ofrecer precios más bajos. Visito a los museos, en algunas ocasiones entro a alguna cafetería a tomarme un café con crema. Los domingos voy a La Catedral a ponerle una veladora a la imagen de La Caridad del Cobre que allí se encuentra.

Así de esta manera espero un nuevo año en este país.

RETORNO

Regresé a la Ciudad de México a principios del año 2000. Atrás de nuevo quedó Cuba, mi familia, mis amigos, mi casa en donde crecieron mis hijos, mi nieto el pequeño Luis Emmanuel, hijo de Lía que apenas pude estrechar entre mis brazos.

En estos momentos bullen en mi mente los recuerdos, porque como dice mi amiga Antonia, "toda una vida no se puede echar en una mochila". Este drama es viejo para los cubanos, ya casi llega al medio siglo.

Ahora no sé cuando volveré a la Isla, porque fue difícil rgresar. En inmigración me preguntaron por mi hijo Axel, ellos aún no sabían como mi hijo había venido para México, yo les respondí con la verdad, que su padre lo había invitado, pero los funcionarios me respondían, que eso no aclaraba la situación migratoria de mi hijo, que yo no podría abandonar el país hasta que esto no se aclarara. Pasaron dos meses y un día recibí una citación de las oficinas de Inmigración autorizando mi viaje al extranjero.

Andrés invitó a Axel para que continuara sus estudios en este país. Axel estudiaba Licenciatura en Pinturas en el Instituto Superior de Arte de La Habana, pero había tenido problemas políticos con algunos profesores y alumnos por no aceptaban los puntos de vista de ellos. Nunca había aceptado ingresar a las filas de la Unión de Jóvenes Comunistas, y esta situación le trajo problemas con la dirección del centro, y las consecuencia fueron delicadas: lo asediaronn con amenazas, entre ellas la expulsión del instituto. En aquellos momentos las balsas habían tomado un auge tremendo, a diario se lanzaban en ellas a los mares cubanos dispuestos a morir, antes que seguir soportando la opresión política que se vivía en el país.

Había tenido conocimiento que Axel se estaba entrenando para irse a Miami en una balsa. Ante el pánico que sentí decidí que viniera para México. Aquí permaneció tres años hasta que se fue a Miami

Pero mi corazón de mamá sufre ahora por mi hija Runa que se encuentra en Cuba, y desde hace varios años es acosada por las fuerzas políticas del país. Su delito había sido no pertenecer a las filas de las organizaciones políticias, creadas el sistema político que hay en Cuba. Estudió una carrera de letras con muchos obstáculos puestos en su camino de estudiante, recibía notas con bajas calificaciones académicas, era entrevistada por dirigentes políticos, y la cuestionaban por no integrarse a las organizaciones políticas de la universidad y ser una joven Católica. Al graduarse fue mayor el asedio que recibió y continaron las amenazas, le decían que nunca encontraría trabajo porque tenía que trabajara como informante de la Seguridad del Estado dentro de la Iglesia. Runa no aceptó y entonces la amenazaron de muerte por accidente.

Cuando mi hija Runa y yo veníamos desde Holguín para La Habana, en el aeropuerto ella me dijo que había un hombre que nos estaba siguiendo, y señaló a un individuo que se encontraba cerca de nosotras, yo le respondí que no fuera paranoica, que nada de eso estaba sucediendo. Cuando llamaron a los pasajeros para subir al avión se nos acercó una agente de la aerolínea de cubana, y nos dijo que no podíamos viajar a La Habana porque teníamos problemas con los pasajes. Nos llevaron hasta una oficina donde se encontraba un joven déspota, que vestía el uniforme de la agencia. Él nos comunicó que los boletos no estaban registrados para viajar ese día, yo le respondí que eso era imposible porque hacía un mes los había comprado y rectificado en su momento, para evitarme ese tipo de problemas, pero él dirigente nos dijo: - " que no estábamos registradas en la computadora, y por eso no podíamos viajar, y que debiamos seguirlo al lugar donde se encontraba mi equipaje. Él me arrastró por un brazo, porque ya el avión estaba cargando la paquetería, y entonces mi opresor me dijo cínicamente que no respondía por mis maletas. Me obligó a identificar mi equipaje entre el montón que ya subía al avión, yo lloraba ante la impotencia al no poder hacer nada. Comprendí entonces que Runa tenía la razón. Mis maletas no me las entregaron de inmediato, pasaron como unas dos horas para que lo hicieran y cuando las revisé, pudo ver que habían sido registradas. Más tarde pudimos irnos para La Habana en un vuelo proveniente de París.

Allá en mi ciudad sigue Runa, al lado de mis seres queridos, ahora no sé cuando volveré a Cuba.

El azul de la Isla es lo único que el gobernante rojo no nos ha podido robar. Todos los días llegan turistas a disfrutar de unas de las playas más lindas del mundo. Pero nosotros los cubanos no tenemos derechos a ellas, son playas para los extranjeros que llevan dólares, porque la moneda de los cubanos,la ganada con el sudor de la frente no tiene valor en esos lugares.

Mi pequeña Runa se yergue ante la tiranía más terrible que sufriera América. Muchas mujeres cubanas se enfrentaron a los colonizadores españoles por obtener la libertad de Cuba.

ENFERMAMOS

Andrés y yo, vivíamos en un apartamento que cuando llovía o hacía frío, la humedad lo invadía. Debido a esto enfermé, una artritis comenzó a producirme dolores fuertes en mis piernas, y mi esposo entonces decidió cambiarse a otro lugar, habló con la dueña del edificio, y esta le prometió que tan pronto se desocupara otro apartamento nos daría la oportunidad de cambiarnos.

Un día el administrador nos avisó que se había desocupado un apartamento, y nos mudamos al nuevo lugar. El apartamento se encontraba situado en una estrecha callecita con árboles sembrados y por ahí no circulaban los coches, por el lado derecho del edificio estaba El Museo Frank Mayer y al otro opuesto El Museo de La estampa, y a ambos lados de los museos iglesias, la de Santa Veracruz y la de San Juan de Dios, y en medio de las iglesias un zócalo con sus bancas dispersas, tres fuentes, y un bonito jardín.

Andrés me ayudó a recoger todos los objetos que poseíamos, buscamos cajas de cartón y en ellas echamos las cosas, como no era tan lejos, lo llevaríamos todo, poco a poco.

El nuevo apartamento era mucho mejor que el anterior, más amplio y tenía mejor luz, por el día el Sol calentaba el techo y la humedad desaparecía, en una de las habitaciones Andrés instaló su estudio. Desde los balcones se podían ver las Cúpulas de la Iglesia de San Juan de Dios, y cuando el día estaba claro los cerros que rodeaban el valle de la Ciudad de México.

Mi amiga Carmen nos visitó de inmediato, y se sintió muy satisfecha con el cambio, me trajo de regalo un gato Persa negro. El gato me fascinó. Sus ojos me seguían por toda la casa.

Una noche llamaron por teléfono a la casa, y una voz de hombre con acento mexicano preguntó por Andrés, llamé a Andrés para que respondiera y el hombre le dijo enojado que teníamos que abandonar el lugar, o de lo contrario nos partiría la madre.

Estábamos amenazados de muerte y no sabíamos por qué. De inmediato llamamos a nuestros amigos y les dijimos lo que nos pasaba. Carmen estimó que podía ser una broma, y terminamos creyendo esto.

Pasado el susto continuamos acomodando las cosas. Colgamos algunos cuadros en las paredes, yo saqué las fotos de la familia, las puse en los lugares que las podía ver a cada momento. Más tarde nos fuimos a un supermercado a comprar algunos alimentos.

Como a las diez de la noche fuertes golpes llamaron a la puerta de la casa, antes de tomar la decisión de abrirla pregunté, quiénes eran. Nos respondieron unos hombres que venían de parte de un comandante, y que necesitaban hablar con nosotros, yo les respondí que no conocíamos a ningún comandante. Empujaron con rabia la puerta.

Entonces llamamos a la policía y a un amigo mexicano, éste nos dijo que no abriéramos a nadie la puerta de entrada a la casa. Andrés se asustó, yo también. Supe en ese momento que teníamos enemigos en México. Con inquietud esperamos a la policía, unos toques respetuosos en la puerta nos volvieron a sorprender y esta vez eran de la policía. Los Policías nos prometieron cuidar de nosotros toda la noche. Al otro día el encargado de los apartamentos nos explicó que antes que nosotros vivían en el apartamento unos jóvenes conflictivos, que la dueña había usado la fuerza judicial para echarlos. Entendimos entonces que éramos los chivos expiatorios de aquella historia.

PROMESAS.

Cuando me encontraba en Cuba y comentaba a mi familia y a mis amigos, sobre mi posible viaje a México, les prometía que al llegar a este país les escribiría.

A los pocos días de haber llegado a Ciudad México me entró una crisis depresiva muy grande, la razón era que echaba mucho menos a Cuba, deseaba regresar, ya estaba convencida que nunca me adaptaría a vivir lejos de mi tierra.

Para olvidar y combatir la nostalgia, tomé una decisión: caminar por la ciudad y conocer cada rincón.

Visité La Basílica de La Guadalupe y las capillas que se encontraban allí, compré flores y velas, que puse con devoción a la virgen, tiré monedas en las fuentes y pedí varios deseos.

En Xochimilco me embriagué al ver tantas flores, y aunque dicen los habitantes de este pueblo que ya no era tan bonito como años atrás, lo encontré precioso. En una trajinera paseamos por el lago mi hijo Axel y yo, mientras desde otra, unos mariachis nos cantaban canciones, bebí vino hasta marearme y comí por primera vez carnitas de cerdos y carneros. Visitamos a una antigua iglesia, y el tiempo había dibujado sobre la roída puerta que da acceso al templo el rostro de un monje.

Después quise conocer el misterio del Metro, así me parecía a mí en aquellos momentos. Primero me paraba frente a su entrada y no me decidía a entrar, sentía pánico de penetrar en aquellas profundidades, mi hijo decía que no tuviera miedo, porque el Metro era seguro y bonito, que tenía anchos pasillos por donde las personas caminaban, y que en estos pasillos encontraría a vendedores ambulantes con variadas mercancías, que lo mismo podría comprar un reloj, una sombrilla, juguetes para niños, ropas, películas, pizzas, joyas, que también había exposiciones de pinturas y otras cosas interesantes, que me decidiera a entrar. Pero seguí evitando el Metro, prefería subir a un bus o a un taxi.

Un día mi hijo me comunicó que se iría a vivir a Miami, esto primero me alarmó, después entendí que los cubanos que elegimos el camino del éxodo, ya no tenemos patria y que nuestro lugar en la tierra es donde nos encontremos bien. Así es para mí. Cuando veo un objeto bonito en las tiendas, no lo compro; porque no tengo manera de mandarlo para Cuba. Mi casa quedó al otro lado del mar, allá en la pequeña ciudad rodeada de cerros y tan cercana al mar.

JESÚS

Jesús vino para México con planes de consagrarse como actor. Su primera meta fue buscar trabajo en los teatros. La otra preocupación de Jesús era llamar por teléfono a Cuba. En Cuba aguardaba la familia ansiosa porque sonara el timbre del teléfono para hablar con él. Mientras él se dedicaba a buscar los teléfonos mágicos por toda la ciudad. (Estos teléfonos llamados así porque permitían llamar sin costo alguno). Se podían encontrar en El Centro, La Zona Rosa, y un poco más al sur en La Campestre Churubusco, y junto al teléfono una cola de cubanos, y otros extranjeros esperando el turno para poder hablar. Allí conoció a muchos paisanos: Antonia la doctora, otros actores, pintores, bailarinas y cubanos que no tenían nada que ver con el arte, como Ramón que se dedicaba a la crianza de perros de razas y que se encontraba casado con una Egipcia que leía la borra de café que quedaba en las tazas, prediciendo el futuro.

En la actualidad Jesús llevaba una vida agradable, trabajaba como actor para la televisión y con el fruto de su trabajo podía ayudar a su familia en Cuba.

Los teléfonos mágicos un día desaparecieron, pero Jesús seguía comunicándose con los amigos que conoció en esos lugares. A Antonia la visitaba en ocasiones, y ella le brindaba tamales con la sazón de los tamales cubanos. Ramón puso un criadero de perros de razas.

ADIÓS

Lloré mucho cuando me dijo Axel que iba para Miami, busqué a mi viejo álbum de fotos, y miré con nostalgia las fotos de mis hijos de cuando eran niños.

En aquellos pedazos de cartulinas estaban estampados momentos felices: cumpleaños, la familia reunida alrededor del pastel, o rompiendo la piñata, globos y caramelos esparcidos en el aire y las manitos de ellos queriendo agarrarlos, o jugando en el patio de la casa con los amigos y primos.

Me dormí tarde en la noche, al despertar en la mañana me di cuenta que se hacía tarde para ir a despedir a mi hijo al aeropuerto. Y decidimos hacerlo en el metro. Indudablemente que era un transporte rápido.

La despedida fue triste, mi hijo se iba a Miami también en busca del sueño de los cubanos. Una inmigración que ya tenía más de cuarenta años.

Evité llorar frente a él, sonreí cuando iba rumbo al avión. Ya a solas di riendas suelta a mi dolor. Sabía que algo importante acababa de suceder en la vida de mi hijo.

Axel iba para Norteamérica, lejos de mí, (Miami la otra patria de los cubanos), él hacía tiempo que había crecido, aunque lo siguiera viendo como un niño, mientras yo seguiría soñando con la reunificación familiar. No pedía tanto, un hogar en donde nos juntáramos todos. México sólo había sido una quimera

ALFREDO

Sus sueños de convertirse en modelo fue la meta que trajo a Alfredo a la Ciudad de México. Un fotógrafo mexicano lo había descubierto en La Habana, y le hizo unas fotos que presentó en un concurso y ganaron.

El fotógrafo le prometió a Alfredo muchas cosas, entre ellas una carrera artística, pero debía acompañarlo a México. El muchacho veía pasar los días y las promesas no se cumplían, a este señor sólo le importaban los favores sexuales que el debía prodigarle a cambio. Alfredo decidió abandonar a su protector y buscar trabajo en las discotecas, y tuvo la suerte que lo aceptaran en una como Stripper. También en la discoteca se le asignó el trabajo de fichar clientes que consumieran bebidas.

Gustó como Stripper, su manera de bailar la música cubana conquistó al público, ritmo de caña, de maracas, de *melao* y aguardiente.

Alfredo en la discoteca conoció a un señor que le ofreció casa, joyas y paseos por Europa y no se hizo rogar para aceptarlo.

El amante también lo llevó a Miami, para que conociera a los cubanos que vivían all y olvidara la idea de cruzar la frontera y someterse a un peligro que le podía costar la vida o que lo deportaran a Cuba.

En Miami vio con sus propios ojos que sus amigos no habían triunfado como modelo, ni como bailarines. Sino que tenían que ganarse la vida muy duro, trabajando como meseros en los hoteles.

Entonces regresó a México y daba gracias a Dios por haber encontrado a su amante en su camino. Su vida había cambiado mucho, ahora tenía dinero, ya no pasaba hambre, al contrario hacía dieta para no engordar.

El amante mexicano hacía todo lo posible por hacer feliz a Alfredo, si era necesario le bajaría hasta las estrellas. Todos los caprichos del muchacho los complacía. Su casa era ahora una locura. Alfredo llevó para ella como mascotas: ardillas, perros callejeros, gatos. Los forros de los muebles estaban todos rasgados por las uñas de los animales, el olor a perfume Francés había desaparecido y solo un fuerte olor a orines invadía el lugar.

Alfredo también cambió su forma de vestir: ropas de marcas caras. Entonces decidió volver a Cuba.

La familia vivía en un barrio marginal en La Habana, su madre no poseía finas costumbres. Pero él no sintió ningún complejo ante su amante burgués y la mostró.

Fue espectacular la llegada de Alfredo al reparto donde nació. Llegó en un carro deportivo de los que alquila el turismo a los extranjeros. Todos los vecinos salieron a recibirlos. El encontró a su madre tan vieja que sintió mucha pena al verla, vestía ropas gastadas. Saludó a todos con presunción y altanería, él había vuelto vencedor, en su cuello lucía una gruesa cadena de oro con un crucifijo con brillantes. Quiso llorar pero pudo más su orgullo de triunfador. Todos los que ahora lo contemplaban estaban por debajo de él, así fue como pensó. *Casi miserables.*

La madre de Alfredo era Testigo de Jehová y no aceptaba la homosexualidad, pero su hijo siempre hacía lo que le daba la gana, y este señor mexicano cambiaba la vida de la familia para bien. La madre aconsejó a su hijo que defendiera esta relación. Alfredo continuó su compromiso con el mexicano unos años. Después se fue a Europa con una amiga cubana.

BENJAMÍN ERRANTE.

Hoy nos visitó Benjamín, era su cumpleaños, yo presté atención a este cubano que un día en La Alameda conoció a mi hijo jugando ajedrez.

Entre tazas de café negro, Benjamín me contó como abandonó a Cuba y por qué.

Explicó Benjamín que él evitaba hablar de su país de origen, porque se llenaba de tristeza y entonces bebía para olvidar su pesado de cubano errante. Contó que él había salido de La Isla por el puerto de El Mariel en 198l. (Este ha sido uno de los éxodos más grandes que ha tenido Cuba.) Provocado por un grupo de cubanos que se internaron en la embajada de el Perú, pidiendo más tarde asilo político. Los cubanos residentes en Miami empezaron a protestar por esto, ya que alegaban que la falta de libertad y la escasez de alimentos y medicinas habían obligado a estas personas a pedir ayuda a esta embajada.

La respuesta de el gobierno cubano fue aprobar una salida masiva por el puerto de el Mariel, en La Habana.

Él había Llegado a Miami a través de este éxodo. Narró con mucha tristeza en su voz, lo que había sentido durante esta partida. Contó Benjamín: "que al había sentido mucha angustia al subir a la lancha que lo conduciría a Miami, porque sabía que no volvería a ver las calles que lo vieron jugar de niño, ni los lugares en donde por primera vez había besado a su novia ". También sabía que no iba a volver a su patria, que hacía veinte años de El Mariel y no había regresado y que este dolor lo tenía metido en su corazón.

Abandonó a La Isla el 7 de Mayo de l980 a las siete de la noche. Realizó el viaje en un yate, que estaba hecho para unas ocho personas, y subieron a él más de veinte, expuestos a naufragar por el exceso de pasajeros.

El dueño de la lancha les brindó brandy a los emigrantes. Llegó a la Florida el día 8 de Mayo, día de las madres en Cuba, y tuvo el presentimiento de que nunca mas volvería a ver a su mamá, entendía que su familia se acabaría un día, pero no era lo mismo sentir este dolor en el seno familiar, que en la distancia.

El padre de Benjamín murió dos años después de él encontrarse en la ciudad de Nueva York, a su hermano lo había perdido recientemente ya encontrándose en México.

Mi compatriota hablaba sobre la travesía en el mar cuando iba rumbo a La Florida, desterrado por el régimen comunista.

Benjamín dijo, " que él sentía miedo al pensar si sobreviviría al naufragio, pero no al naufragio de las aguas, sino al naufragio de la época de las inundaciones históricas, al naufragio en que lo había situado un señor que se había instalado en la isla, en su patria por su propia cuenta y que gracias a este señor la mitad del pueblo cubano tenía que estar sufriendo las mismas travesías, que si la muerte lo dejaba en el camino no le dolería, porque se encontraba totalmente vacío.."

Cuando llegó a Miami comenzó a llevar una existencia muy desorganizada, sabía que había perdido sus puntos de referencias en la vida, y que era muy difícil volver a encontrarlos. Él sentía un gran dolor al saber que no podía establecerse en ningún lugar, porque era un ave de paso, de esas que no regresan cuando vuelve la primavera.

Este cubano es un anciano a los 52 años, cuenta que salió de Cuba con una apariencia juvenil a pesar de sufrir un régimen totalitario, pero que el exilio lo había acabado y desgarrado.

Nos decía: "que cuando estaba en la soledad de su cuarto, prefiería entregarse al sueño o al alcohol para no caer en el marasmo de los recuerdos. Sabía que el día de su partida de Cuba no estaba marcado en su calendario, que fue un día que de repente le impuso alguien y tuvo que abordar la nave de las inmigraciones ".

También recuerda a los amigos que lo acompañaron en la travesía hacia Estados Unidos, que muchos habían muertos, que ahora él se sentía sin amigos, y comentaba: que Dios marcaba el día que uno nacía y el día que se moría.

LUAN

Luan era primo de mi esposo Andrés, en algunas ocasiones venía a comer a la casa. Entonces evocabamos a Cuba, la familia, los amigos, la tierra. Esto era algo bonito, a pesar de que nos tragara la nostalgia. Él estaba muy triste, deseaba ir a la isla y no tenía dinero. El pasaje costaba caro y había que comprar objetos y alimentos para llevar. Decía que era penoso llegar allá con las manos vacías, porque todos sin palabras siempre pedían algo, como una limosna no dicha, para no causar vergüenza.

Le pregunté a Luan cómo había venido a México y él me contó lo siguiente:

Se había casado con una mexicana que conoció en Cuba, en la azulísima e inolvidable playa de Varadero, se habían enamorados y decidieron unir sus vidas. Contaba que vino para acá, porque los matrimonios debían vivir juntos, que eso de andar uno por acá y otro por allá, no funcionaría jamás.

Como todos los inmigrantes, tenía que sufrir mucho porque no era fácil separarse de la familia, de las raíces, pero que ya se estaba acostumbrando.

Él no tenía quejas de los mexicanos: decía que lo recibieron con simpatía, que se llevaba bien con todos, que su éxito al relacionarse con ellos, consistía porque que él sabía tratarlos, no se metía en sus vidas privadas, que cuando se trataba de trabajar, cumplía con su *chamba*, que no era *güevón.* Eso era algo que hacía también en Cuba y que igualmente lo hubiera hecho en Estados Unidos de América. Porque estaba seguro de algo, que la persona que sabia trabajar, lo hacía en cualquier lugar y lo hacía bien. Opinaba con tono reflexivo que en Cuba la situación estaba bien difícil, pero que allá tenía otras cosas: como el afecto y el cariño de su familia y creía que ese sentimiento le llenaría el huequito de la escasez.

Él aseguraba que su mujer era una buena persona, que se merecía que la ayudaran, porque ella lo había ayudado mucho, no sólo en la parte material sino también en la sentimental.

Luan trabajaba en una fábrica en donde todos los obreros eran mexicanos y era el Gerente General, que no lo discriminaban por esto. Explicaba que había cubanos que habían creado una mala reputación a sus compatriotas, que esto no sucedía sólo en México, sino también en Alemania, Checoslovaquia, Bulgaria. Cubanos que no supieron comportarse fuera de Cuba, usaron malos hábitos, chismes, vulgaridades, se pelearon entre sí y conocía a compatriotas que vivían así. (Eso le espantaba. Creía que tenía buenos amigos cubanos en México y también en Estados Unidos de América).

Aclaraba había nacido antes del triunfo de la Revolución Cubana. Tenía unos seis años cuando sucedió este acontecimiento que cambió tantos sueños, que marcó y marcará aún a tantas vidas. Estimaba que la situación política social que existía en Cuba, había hecho cambiar mucho a los cubanos, que la mayoría de los que hoy estaban en la Isla eran unos vagos, haraganes, rateros. Que el cubano no era así, que el cubano era trabajador, muy honesto que lo sabía por sus antepasados. Recordaba con respeto a su abuelo Miguel Ángel y también a su padre, que no tuvieron la oportunidad de ir a la escuela, y sin embargo eran personas educadas, cultas a la medida de sus posibilidades, leían en sus casas, sabían hablar de cosas bonitas, creían todavía en las ilusiones y en una vida decente.

Comentaba que la última vez que estuvo en Cuba, pudo ver cómo en el cubano se había desatado un interés muy grande por cualquier cosa, que no era el cubano de antes. (Recordaba cómo antes sus vecinos tocaban a la puerta de la casa de su madre para pedirle un poquito de café o un platico de Arroz con leche con canela) Reconocía que ya la gente no tenía estos hábitos, porque en Cuba estos valores habían muertos, la escasez por una parte y el miedo a perder las cosas eran otra de las causas. También la penetración de la política comunista había hecho cambiar a los cubanos. Todos desconfiaban de todos. La traición era algo de todos los días, sustentada y pagada por cada elemento del gobierno, que unos días antes de venir para México y cuando él se encontraba limpiando sus zapatos frente al balcón de su casa, que daba para la calle, vio cómo se detuvo una camioneta y se bajaba un hombre con una bolsa en la mano. Este señor levantó la tapa de un cajón que traía a su lado, y sacó unos veinte panes que echó en la bolsa. Este bulto se lo entregó a un muchacho que lo esperaba. Subió de nuevo al carro, dio marcha atrás y no observó a una mujer que venía, la señora cayó debido al empujón debajo de las ruedas y con el impacto resultó muerta.

Entonces comprendió que la miseria había convertido a aquél señor en un asesino.

Me dijo que jamás en su vida había visto tantos accidentes de tránsito que l*a gente andaba como loca, cada quién sobreviviendo en la jungla.*

Le llamaba la atención la proliferación de jineteras. Me susurró que al principio de la revolución, Fidel las rehabilitaba y estimaba que las prostitutas de ahora eran el producto de la crisis socio-económica que vivía el país." *Hay tanta gente vendiéndose en las calles, que da tristeza"-comemtó.*

Me contó, que el dueño de la fábrica en donde él trabajaba había venido hacía poco de Cuba, que llegó muy afectado de La Habana, al ver tanta hambre en las calles, Señoras de más de setenta años vendiendo cucuruchos de maní a la entrada de los hoteles. Que las jineteras que había en Cuba, (mote con el cual las bautizó el mismo gobierno cubano) eran mujeres sin ninguna protección del exterior, que vendían su cuerpo a cambio de dinero en dólares, porque necesitaban comprar desde un litro de aceite, hasta un jabón para bañarse, que los salarios en La Isla eran muy malos, que había hablado con jineteras médicos, ingenieros y hasta licenciadas en pedagogía.

Sólo señalaba a un culpable de la situación social-económica que había en la Isla, al gobernante absoluto de ella, más loco que una cabra del monte de Birán, (lugar en donde nació)

De Angola contaba, que fue hasta allá cuando era muy joven, que apenas tenía unos veinte años de edad y en aquellos momentos estaba convencido, que lo que hacía estaba correcto - algo de honor, porque estimaba que los cubanos tenían una deuda con la humanidad. La humanidad para él, estaba representada por Rusia, y estimaba que los rusos ayudaban a Cuba. Ahora se daba cuenta, que estaba equivocado, que Rusia nunca ayudó a Cuba –lo hizo porque le convenía. Los rusos usaron la peor de las máscaras: la del *stalinismo* que, a su vez era la otra cara del fascismo hitleriano.

Porque los Rusos querían introducir una base de mísiles en Cuba, y lo hicieron, y los cubanos no se enteraron de esto hasta que se los llevaron.

Explicaba mi amigo que cuando estaba en Angola, pensaba que todo marchaba bien, que todo debía funcionar así. Nunca había conocido otra cosa, otro gobierno, otro modo de vida. Entonces él se sentía por el camino recto como decía Fidel y que con su presencia en Angola ayudaría a otras personas en el mundo a que salieran de la dictadura del capitalismo.

Estuvo en La Unión Soviética, vio que allí había tanta represión como en Cuba, asaltantes y mendigos en las calles. En su piel había sufrido la represión del gobierno cubano, aún siendo militante del Partido Comunista y después de estar pensando veinticinco años que iba por el camino correcto.

En 1983 tuvo una experiencia muy desagradable con su esposa, ella era mexicana. En una ocasión que su mujer visitaba a Cuba y se hospedaba en un hotel en La Habana, y fue a verla al salir del lugar unos policías lo apresaron. Lo metieron en una patrulla, llevándolo hasta un calabozo, donde lo encerraron como a un delincuente. Los policías alegaron, que los cubanos no podían visitar los hoteles en donde se alojaban extranjeros.

Otro día a su esposa se le ocurrió tomarse unas fotos en La Plaza de La Revolución, porque ella era amante de Fidel Castro, y de las ideas de José Martí, y sobre todo admiraba al Che Guevara. De hecho perteneció al Movimiento del año 1968 en México y fue a Cuba por simpatizar con La Revolución Cubana. Entonces decidió hacerse unas fotos (que aún conserva) en La Plaza de la Revolución, de espaldas al edificio que pertenecía al Comité Central, en donde había un cartel con la fotografía del Che Guevara, y por esto los cargó la patrulla de la policía, y los tuvieron detenidos cuatro horas, que al cabo de ese tiempo les dijeron con despotismo, que se fueran, sin darles una disculpa. Entonces él y su esposa salieron de allí apresuradamente por temor a que los volvieran a detener, aunque no habían cometido ningún delito.

Cuentaba: que la primera vez que la policía lo detuvo fue por andar con una mexicana, su novia y la segunda vez por tomarse una foto en La Plaza de la Revolución, en donde no había ningún letrero que dijera que estaba prohibido hacerlo.

Que a partir de este momento con él fueron malvados, vivía entonces en Holguín, en donde tenía muchas amistades, con estos amigos se sentaba en el parque a conversar y entre ellos había un muchacho que era hijo de un ex militar del gobierno de Batista, que combatió contra Fidel y que el padre de este muchacho en un combate entre Rebeldes y Batistianos había matado a un soldado revolucionario, que cuando esto su amigo no había nacido, pero que este hecho lo marcó para siempre, porque en los periódicos aparecía el nombre de su padre en fechas patrióticas como enemigo de la revolución y él llevaba el mismo nombre y esto crió un complejo de inferioridad y de culpa en este individuo. Que él conoció a este joven cuando era Profesor de Política en la Escuela Pre-reclutas que preparaba a los jóvenes para entrar al Servicio Militar obligatorio. Más tarde supo que este joven se había llenado de tanto odio hacia el sistema que comenzó a escribir en los baños públicos letreros que decían - Abajo Fidel, que la policía los borraba, pero él volvía a hacerlo, hasta que un día lo siguieron y lo sorprendieron, y por esta razón este muchacho fue condenado a varios años de cárcel.

Cuando Luan solicitó su salida para el extranjero, le dijeron en el Ministerio del Interior, que no podía salir de Cuba, porque pertenecía a una banda de delincuentes. Lo único malo que había hecho: tratar a aquél muchacho y darle buenos consejos.

Expresaba que La Revolución Cubana pensaba crear al hombre perfecto con la filosofía –marxista-leninista. Pero no era posible, porque esta filosofía fracasó al no enseñar el amor y el respeto al hombre, que ya nunca podria vivir en Cuba bajo esa miseria y represión.

Y para terminar la conversación expresó lo siguiente.-"Yo soy representante de La Nueva Generación que los comunistas quisieron formar en Cuba, fui Pionero, militante de la Unión de Jóvenes Comunistas, del Partido Comunista Cubano, Internacionalista, pero todo esto fue una gran farsa, una gran mentira"

DAVID

Mi amigo más joven aquí en ciudad México sólo tiene trece años de edad, su nombre es David, y con cariño lo llamamos Davicito. Davicito viene a mi casa acompañado por su madre, que es mi amiga, (un adolescente extranjero no debía salir solo a la calle).

David era estudiante de música, cursaba la especialidad de piano y pasaba sus horas refugiado en un ensueño con Chopin, Satie, Tchaikovski, Saumell, Lecuona, Franz Lizt.

Vino para ciudad México con la intención de continuar sus estudios y a la vez reunirse con sus padres, quienes vivían aquí desde hacía algún tiempo. Davicito decía que había momentos que se sentía triste porque echaba de menos a su abuelita y a sus amigos del barrio.

Él comentaba que sus estudios iban bien en Cuba, en cuanto se refería a profesores. Pero que tenía dificultades con los materiales de estudio, que las lecciones de música eran muy viejas y no había manera de reproducirlas. Allá no poseía posibilidad de fotocopiarlas.

Expresaba con tristeza que él no sabía si deseaba realizarse como artista en Cuba o en el extranjero porque era muy pronto para pensar en eso, pero que sabía que México le brindaría muchas posibilidades, porque desde aquí podría viajar a otros países para dar a conocer su virtuosismo. Sabía que esto en Cuba era imposible porque sus maestros cubanos lloraban, cuando hablaban de la necesidad de viajar a otros países para confrontar su arte con otros medios, en festivales y conservatorios; que a ellos sólo les quedaba trabajar como profesores y envejecer acudiendo a marchas obligatorias y trabajos voluntarios en el campo, o en algunas ocasiones a participar en algún concierto de Casas de Cultura, recitales que promueve la escuela como institución. Porque hasta para ir a La Habana les resultaba difícil, pues tenían que justificar a qué se iba, con quién, qué pasos darían, contenido de su concierto, tantas cosas, tanta maldad disfrazada de burocracia. David me contaba que sus profesores anhelaban participar en conciertos, ya fuera con artistas cubanos o extranjeros, y ese sueño les amargaba hasta el hastío.

Explicaba que la profesora de música que tenía aquí en México era cubana, graduada en el Instituto Superior de Arte en Cuba y eso lo llenaba de orgullo. La mayoría de los grandes artistas de las nuevas generaciones a partir de la década de los 80's, 90's del ya pasado siglo se educaron allí, en los bosques de Cubanacán.

Davicito deseaba llegar a convertirse en un gran artista, decía que aquí podría hacerlo, que lograría sus sueños aferrándose con pasión, que al pensar en esto le daba mucha pena y dolor, porque sabía que en Cuba había buenos alumnos con mucho talento, pero no tenían recursos para seguir desarrollándose y envejecían en plena adolescencia, sin ilusión que les alimentara el alma.

La madre de David opinaba: que en Cuba había músicos muy buenos, talentosos, disciplinados y estaban influenciados por su amor al Caribe. También reconocía que su hijo tenía un aprendizaje tan fino, tan virtuoso, tan profesional, porque se lo debía a sus profesores cubanos, que le ayudaron en todo lo que pudieron, que cuando se enfermaba iban a la casa a darle clases. Refiere que estos maestros tenían muchos problemas, que también eran padres de familia, que poseíann hijos pequeños y esto en Cuba era muy serio, porque para nadie era secreto, que la alimentación de un niño en Cuba era un dilema imposible de resolver.

El día que David viajaba para México, la dirección de la escuela donde estudiaba, mandó a recoger el piano y eso fue un hecho muy triste para la madre de David. Sintió una pérdida muy grande, como si en ese acto se encerrara un extraño símbolo imposible de descifrar. Que en México llevaban casi un año y aún su padre no le había podido comprar uno, pero sabía que sí lo haría. Esta tierra me dijo: devuelve muchas ilusiones que se creían perdidas.

Continúo diciéndome la madre de David. - que Cuba era muy bonita, pero que en ella había hambre animal y que esto no permitía pensar en cosas lindas. Que estas cosas son las que permitieron traer a su hijo para México, que ella sabía que en este país existían las drogas, el secuestro de niños, pero que confiaba en Dios y en la crianza que daba. Pero por encima de todas las cosas, confiaba en el talento de su niño, cuya divinidad les salvaría del naufragio.

EVOCANDO A MIRÓ

Elena, mi amiga cubana no había renunciado a la idea de tener un cuadro pintado siguiendo el estilo a lo Miró. Ella nos había citado varias veces a su casa con este propósito, y este domingo de marzo que rompe la primavera, mi esposo Andrés decidió complacerla.

Pero primero fuimos a oír misa a la iglesia de La Santa Veracruz, que se encuentra al salir de la casa, a un costado de La Alameda.

Después de hablar un rato con Elena, salió a relucir la situación que nos había llevado hasta allí. Elena insistía que Andrés le pintara el cuadro a lo Miró, Andrés le dijo que lo haría con la condición de no firmarlo. Elena aceptó.

Ya tomados los acuerdos entre Elena y Andrés, decidimos ir a comernos unos tacos de Mixiotes y fuimos hasta la fuente de La Cibeles en la colonia Roma, donde todo los fines de semana abren unos tianguis con distintas cosas a la venta para el público: veladoras perfumadas, aceites para la buena suerte, objetos esotéricos, ropas, cerámicas, artesanías y los ricos tacos de Mixiotes.

Era un hormiguero de mexicanos lo que había alrededor de los tianguis que venden los tacos de Mixiotes, pero nosotros no las arreglamos para agarrar las sillas y sentarnos. Enseguida empezamos a picar las ensaladas que había en la mesa: cilantros con cebollitas y salsas verdes con picante que a mi amiga le gustaba.

Ya de regreso a la casa, Elena fue hasta el cuarto de servicio, trajo un bastidor con un lienzo montado, oleos, pinceles. De Inmediato Andrés se puso a cubrir la tela y comenzó a nacer el cuadro que Elena deseaba.

Andrés necesitó varias sesiones de trabajo para terminar el cuadro.

Una tarde ante nosotros apareció un lienzo con colores, tenues, delicados, acogedores, y también podíamos distinguir a una ciudad como una sombra. Elena se maravilló con el cuadro, a mí también me conmovió mucho, pero aún faltaba algo para que ella quedara complacida, Andrés debía ponerle nombre. Andrés tomó en su mano izquierda un fino pincel, que mojó en pintura y escribió en la parte baja, “Cito a Miró desde mi ciudad sumamente pálida “… entonces firmó.

LEO

Me encontraba en el centro de la ciudad de México en una tienda de artesanías, veladoras con aromas, saché, porcelanas, flores con el rocío de la mañana incrustados en sus pétalos de tela..., y miraba todas aquellas cosas que calmaban mi espíritu, llenando mi alma de una triste armonía, cuando percibí una figura antiguamente conocida a mi lado. Mi mente a veces me hace jugarretas y aparto esas imágenes risueñas pasando mi mano por la frente. No obstante, aquella cercanía continuaba. ¡Era alguien, algún conocido de antaño! Apareció Leo. Recibí una gran alegría al encontrármelo, un duende que se corporeizó entre aquellos objetos. Eso siempre había sido, un duende que aparece y desaparece cuando menos uno se lo imagina.

De pronto aquella tienda de curiosidades tomó otra fuerza, recobró un encanto que quizás vino en ondas desde alguna caverna de La Alhambra o de los riscos de Gibara, o quién sabe si de algún planeta ignoto donde también cae la tarde, donde también se bebé té de flores.

Leo y yo nos agarramos de las manos, y nos fuimos a un rincón a contarnos cosas, porque hacía diez años que no nos veíamos. ¡Diez años! La cantidad de tiempo específica para reencontrarnos con nosotros mismos, con nuestras viejas amistades dispersas. ¿Número cabalístico o casualidad de las vidas errantes? Por ahora es imposible saberlo.

Leo había venido para México en mil novecientos noventa, para trabajar en una isla mexicana. La Isla III, como él le llamaba, contando –por supuesto- la Gran Canaria de sus abuelos. Allí trabajaba en una suerte de universidad de arte, impartiendo cátedra de escritura, teatro y pintura. Durante mucho tiempo supe de él por su madre, Sita, a quien el lector ya conoce. Somos muy buenas amigas, vivíamos cerca, en la misma ciudad, la de los Cerros verdes y mañanas con neblinas, allá en Cuba.

Cuando vino para México, mi hijo Axel se dedicó a buscar a Leo, pero nunca pudo dar con él. Hoteles de paso les acunaron sin encontrarse. Galerías de Arte les vieron pasar hacia rumbos distintos, como esas aves migratorias separadas irremediablemente por cualquier tormenta. Cuando llegaba al lugar en que posiblemente se encontraría el errabundo amigo, ya se había marchado sin decir adiós o sin dejar un nuevo paradero, harto de los seres humanos. Y así pasaron tres años sin poder encontrarlo.

La soledad y la nostalgia me asfixiaban ya en México, la llegada de Leo fue para mí el bálsamo que necesitaba para curarme. Cuando llegué a la casa con Leo,

Runa sé haló los pelos de felicidad y Andrés levantó los brazos, diciendo que Dios milagroso lo había llevado hasta mi hogar, para recuperar, con una ráfaga de brisa nueva, todo aquello que creíamos perdido para siempre.

Pasó unas vacaciones junto a nosotros. Risas y llanto entraban a raudales con los trozos de sol que bajaban de las iglesias cercanas. Las palomas se acercaban a los laureles de abajo, cerca del balcón de mi cuarto.

Ahora Leo nos ayudaba a mí y a Runa a encontrar y descubrir lugares mágicos por toda la ciudad. Durante el día salíamos, escabulléndonos del tráfico ruidoso y entrando a cuanta librería se nos aparecía en el camino. Y así, una tarde lluviosa y gris fuimos a dar a un viejo sitio de la Colonia Roma, donde se vendían libros estrujados, casi deshechos; buscamos entre ellos y encontramos una Biblia con portada de cuero muy oscuro. Su olor a humedad me trajo la imagen del museo de mi ciudad, ya catapultado por el tiempo. La Biblia lucía hermosa, repujada de cruces. Tenía muchas, muchas cruces sobre su forro antiguo, y sobre las cruces se veía una ligera cápita de oro. La tomé con devoción, sin rozar apenas sus hojas de cebolla; sabía que si osaba soplar su capa de polvo y rémora de otras épocas, se desprenderían los dibujos de oro, perdería quizás toda su belleza sin remedio. El dueño, un anciano de gafas con gruesos cristales, notó mi interés y, contrariamente a cómo reaccionaría un viejo usurero, nos ofreció a buen precio aquel libro amado y maltratado. Deslumbrados con la acción y acostumbrados a que nos sucedieran cosas de esa índole cuando nos uníamos los tres caminantes, compramos la Biblia y salimos corriendo de allí..., tal vez por ese extraño temor de los seres agradecidos que, recibiendo la dádiva, siente que no la merecen y que alguien podría arrebatársela.

Una noche fuimos hasta La Catedral, en pleno Centro Histórico de la ciudad de México, y allí se encontraba una exposición magnífica. Eran réplicas de la Sábana de Turín hechas en computadora. Aparecía allí en toda su magnificencia la imagen sagrada del cuerpo de Jesucristo a tamaño normal. Casi lloramos al ver aquello. Emocionados, gracias a esta técnica, pudimos tocar las huellas de la sangre de Jesús, la impresión de su cuerpo endeble, el cuerpo en martirio del más grande de todos los humanos hasta siempre, el que –con su amor-intenta aún reivindicar la maldad de los desagradecidos.

Y llegó el estreno de la obra de teatro que había traído a Leo hasta la ciudad de México. En escena, apenas sin luces y con una pobre escenografía, veíamos al actor decir, recitar el monólogo que había escrito Leo: Mozart en su sufrimiento, Mozart en toda la magnitud de su genio, Mozart admirado, Mozart consentido,

Mozart humillado, Mozart ignorado, Mozart perdido en la fosa común del cementerio de Saint Michelle, Mozart ahora presente y después, futuro.

Anduvimos Leo Runa y yo errantes por la ciudad... Algunas noches temíamos que salieran los vampiros del zócalo a chuparnos la sangre, a arrancarnos la vida y las alas, entonces yo les decía que no temieran, que traía siempre conmigo un crucifijo sagrado. Las tardes de lecturas de algunos libros llenaron mi casa, té de limón, té de jazmines, té de hierbabuena..., no hay necesidad de drogarse, ni embriagarse con vinos o rones. Nosotros estábamos embriagados con la magia que heredamos de Cuba, que siempre puede ser recuperada de súbito, con un chiste, con una simple mirada, con un abrazo, con un trocito de chocolate que llevamos a los labios, con el maullido de un gato, con un poema aprendido de memoria, con una canción dulcemente tropical, con la llamada furtiva de un amigo desde otras tierras lejanas, con la relectura de una carta, contemplando un grabado, probando una comida a la que intentamos imprimir el sabor de antaño.

El golpe de las desuniones siempre llega, nos golpea incesante, así mi hija Runa se fue un día para Miami, llena de sueños. En una mochila echó apresuradamente todas sus cosas humildes, sus vestidos, sus libros adorados, sus fotografías..., y cruzó la frontera que nos separa de Estados Unidos, exponiéndose a la misma muerte. Esos minutos, días de espera para tener la convicción de que llegaría bien, sin contratiempos de abusos u otros peligros, fueron eternos. Una madre jamás halla la tranquilidad, sobre todo cuando todo nos ha sido negado, cuando nos fue arrebatada la tranquilidad de existir como derecho.

Runa estaba ahora allá, lejos, con Axel y mi familia, pero me decía por teléfono que echaba de menos a Cuba y a México. Ella no quería aprender, no quería darse cuenta de que el pasado tenía el encanto de la vejez, de lo irrecuperable y que nunca se podía comparar al presente; no quería darse cuenta de que ya no somos los mismos después que hemos tomado la decisión de cruzar una frontera.

Leo y yo fuimos a visitar varias exposiciones de pintura en esta tarde del sábado. Ya llegaba el otoño y, aunque aquí no veo que caigan las hojas de los árboles, mi alma sí siente su presencia de oro viejo y aires estancados. El otoño pervive quizás en mi alma, porque incluso las estaciones ya no son iguales a las que disfrutaban nuestros abuelos. A todo esto le llamaban inversión climática, problemas de la capa de ozono, pero yo sé que no es eso; sé que es una especie de venganza natural. Hemos sido castigados. Lo que se aguardaba de las criaturas pensantes quedó en una esperanza sin cumplimiento. Da terror intentar contemplar un río.

Los ríos de Velasco, donde mi abuela lavaba la ropa, donde mis primos y yo recogíamos Guayabas tras la tormenta, estaban resecos, muertos. Y los que aún conservaban la corriente de sus aguas, estaban podridos, inservibles, contaminando la tierra.

Un dragón muy malo pasó volando por encima de los árboles, por encima de las aguas, por encima de las cabezas de oro y plata, por encima de las casas hasta marchitarlo todo, hasta arrancar de raíz todo lo puro que pudo contenerse en una gota de rocío, o en un sopladito de niebla.

Pero, ¿qué se puede hacer contra un dragón que no cesa de escupir fuego?, ¿Qué se puede hacer cuando una bestia milenaria nos enseña a odiar, al quitarnos las armas del amor? ¿Qué podría hacerse si la impotencia es la principal virtud humana? No lo sé y creo que ya no podría aprenderlo. He buscado la clave en mis propias líneas, en el rostro de mis seres amados, sin hallar nada.

Runa se encontraba en Miami junto a Axel, Lía estaba en Cuba con sus niños, Dayana se ponía jazmines sobre su pelo largo y oscuro, el bebé crecía rápido y decían que se parecía a su tío. Andrés pintaba un lienzo de azul, Pantera maullaba a la noche porque amaba a la gata del segundo piso, Frida.

Ahora estaba aquí con Leo, sentados en la Alameda, contemplando la hilera interminable de coches que querían llegar cuanto antes a ningún lugar. Nos tomamos de las manos y corrimos hasta el pasto verde y debajo de un álamo gigante, empezamos a danzar y hasta cantamos. Aún teníamos fuerzas para cantar: imaginar eso y todo habrá sido dicho:

Alánimo, alánimo,

la fuente se rompió.

¿Con qué se hace el dinero?,

¡con cascarones de huevos!

Allá está Runa en Miami con Axel, hasta allá iremos. Es el *karma* que unía a los cubanos en La Florida. Allá lejos; si se va por Cuba, cruzando el mar; si se va por México, cruzando el río Bravo, allá está aguardando siempre la otra casa donde nos segueriamos amando y peleando, creciendo y quizás, floreciendo.

Así viven, así aman, así mueren

los cubanos que conozco en México.

Así vivo, así amo, así muero yo.

México D F. 2000

LA SONRISA DE MI GIOCONDA

Alberto Lauro Pino…Escritor, Poeta. Crítico Literario.

Como el atractivo e indescifrable enigma que emana de la sonrisa de la noble dama Lisa Gherardini, que vivía en Vignamaggio, exquisita villa renacentista enclavada en un hermoso y espléndido valle cerca de Florencia –en donde hacen el exquisito vino "Chianti-, y cuyo retrato fuera encargado a Leonardo da Vinci por su esposo, Francesco del Giocondo, así es el misterioso halo de hechizos que envuelve a Gioconda Carralero, mi amiga descendiente de la familia italiana de los Dominicis, radicada en Cuba.

Hada. Bruja. Coribante. Odalisca. Adivina. Taumaturga. Sibila. Hechicera siempre. Testigo de aquelarres de las meigas gallegas y de los toques de tambor de las santeras africanas. Todo esto ha sido en esta existencia, en las anteriores y lo será en las futuras. Ante ella es imposible del todo permanecer indiferente. Diva de ojos escrutadores y enormes. Ser poseído por el linaje de un espíritu que no es de esta época. De licor y música se ha embriagado con las vacantes de Grecia y las vírgenes vestales de Roma, siendo invitada de honor en las celebraciones de la Bona Dea.

Escritores, bailarines, poetas, actores, pintores, coreógrafos, músicos, payazos, equilibristas, domadores de fieras, magos, piratas, tahúres y personas de toda clase y condición, siempre con un toque artístico, muchos de ellos verdaderos truhanes de mucho peligro, han sido seducidos por su imantado sonreír.

Camina sobre una alfombra tejida con hilos de fantasía donde el diseño es, con frecuencia, incomprensible, con la misma indiferencia y temeridad que un fakir sobre clavos afilados o carbones ardientes, con la indolencia de un suicida por un campo minado de explosivos. Habla en un idioma secreto con el viento, las palmeras, los caracoles de las playas y el fuego en el que quema a medianoche palos de sándalo e incienso, invocando a las deidades de todos los panteones y creencias, recitando jaculatorias, letanías, ensalmos y oraciones con la certeza de que es escuchada, aunque no sepamos por quién.

Tiene dotes naturales de recitadora y contadora de cuentos como los juglares medievales. Siempre se le ha visto escribiendo con letra grande en misteriosos cuadernos a los que nadie tiene libre acceso salvo sus gatos, que descienden por línea directa de los que acompañaron a la reina egipcia Nefertiti y a Cleoptara en sus últimos momentos, y algún privilegiado que ella desea distinguir como un iniciado por motivos que suele reservarse. Redacta fragmentos, apuntes, impresiones, anotaciones e ideas de novelas posibles, de obras de teatros posibles, de cuentos posibles, de diarios que comienza con ímpetu pero después abandonaba, invadida por lo peligroso de sus confesiones, o el hastío y la desidia de contemplar y constatar un país que se derrumba, o ver partir con desolación y nostalgia a aquéllos que la abandonan en busca de paraísos inciertos, de horizontes inalcanzables, de sueños siempre postergados, dejando tras de sí la impronta de las huellas de una ausencia imposibles de borrar.

Ingrávida y absorta en sí misma ha errado sobre rosas y lupanares, ajena en sus excentricidades y amores a las vilezas, mezquindades y atrocidades humanas. Siempre ha vencido con sólo un golpe de sus grandes pestañas y su feliz o desencantada sonrisa, no se sabe, las fuerzas hostiles, guiada sólo por su instinto y su inconsciente apariencia disoluta. Cuando muchos pensaban que su pensamiento estaba en la estratosfera, ella tenía más que nunca sus bellos pies firmes sobre la tierra. Con el barro amasado con sus lágrimas la he visto construir los cimientos y ladrillos de su propia casa junto a la ladera de una suave colina.

Con folios arrancados de sus enigmáticas libretas ha decidido sacar dos cuadernos muy breves: "Sexo, muerte y estrellas" (Ed. Vuelo Libre, México, 2005) y "Cartas a Daniel" (Ed. Asociación de Intercambio Cultural José María Heredia y Centro de Arte Latinoamericano, México, 2006). El dramaturgo Salvador Lemis en el prólogo al primero destaca que: "Su modo de decir tiene la inocencia inmune de quienes han vivido mucho y con la intensidad de sus pasiones más puras". Y en el segundo señala Rafael Carralero en su introducción que: "Más que oficio, a Gioconda la acompaña la sensibilidad y la vocación de escritor". A ello habría que agregar que ha sido, sin proponérselo nunca, una gran animadora cultural en cualquier lugar donde haya residido, ya sea La Habana, Holguín –ciudad que disfrutó de ella durante décadas-, Miami o México. Ambos prologuistas tienen razón. Más que para ser leídos, parecen existir para ser escuchados de su viva voz, en las tardes en que hacía sus tertulias entre invitados tan disímiles unos de otros, frente a su té humeante servido en tazas de porcelana de la dinastía Ming. O en sus veladas nocturnas que llegaban hasta bien entrada la madrugada.

Silvestre, pura, inocente y agreste es la palabra de Gioconda Carralero Dominicis en sus relatos sin grandes pretensiones ni desmedidas expectativas de connotada literata. Es la suya sencillamente una voz natural, fresca, de sentimientos cristalinos, semejante a un tranquilo regato que fluye tranquilo en la inescrutable soledad del monte. Igual que la paleta de los pintores primitivos cuyas imágenes respiran una sabiduría ancestral, ingenua y siempre cordial. Cercana a la voz y a la inspiración de esos campesinos repentistas, capaces de cantar en cuartetas de romances y décimas las más insólitas historias. Así es la prosa de esta mujer errante, siempre como Beaudalaire rodeada de gatos que saltan, vuelan y revolotean junto a ella sin que se inmute, amparándola de caer en tentaciones a la que es sometida con tanta frecuencia, o de ser el blanco de diabólicas posesiones semejante a un enfebrecido y felino exorcismo, con el que se libra de difamaciones, vituperios, calumnias, ignominias, libelos repugnantes nacidos de aquellas bocas infames a las que muchas veces dio de su mano a comer, quitándose incluso sus propios alimentos, antídoto contra venenos fulminantes a los que ha sido inmune, para ella inocuos como al enfrentarse a exageraciones, murmuraciones y hasta insultos y anatemas silenciosos por los que es acechada. No importa. Más allá del Bien y del Mal, es también indiferente tanto a los elogios como al hostigamiento de las diatribas.

De sus páginas emanan efluvios de luces y aromas, perfumadas hierbas o doradas espigas. Pareciera que su intención fuera fijar esa fugacidad de momentos que atesora la memoria. Si algún día se decidiera a escribir sus recuerdos de seguro nos regalaría un libro delicioso. Sólo de pensarlo muchas personas y personajes de la isla de Cuba se echarían a temblar. Por eso leyendo sus relatos que son de la misma manera evocaciones, he recordado un verso de Borges que define su intención artística: "Qué importa el tiempo sucesivo si en él hubo una plenitud, un éxtasis".

Printed by Books on Demand GmbH, Norderstedt / Germany